AF654686

मातृभूमि की स्वतन्त्रता के लिए अपना सर्वस्व अर्पण कर देने वाले वीरों में पंडित राम्प्रसाद बिस्मिल का एक विशिष्ट स्थान है। जीवन के समस्त सुखों को त्यागकर महानतम उद्देश्य के लिए क्रांति पथ का वरण करने वाली ऐसी विभूतियां कम ही जन्म लेती हैं। बिस्मिल सदृश क्रांतिकारी वीरों के बलिदान का भी इस देश को स्वतन्त्रता दिलाने में विशेष योगदान है।

यद्यपि आज क्रांतिकारियों के बलिदान को हम विस्मृत-सा कर बैठे है, तथापि इससे उनके त्याग का महत्त्व किसी प्रकार कम नहीं होता। स्वतंत्र भारत का प्रत्येक व्यक्ति, इस देश की मिट्टी का कण-कण सदा-सदा के लिए पंडित रामप्रसाद बिस्मिल तथा उनके साथी क्रांतिकारियों का ऋणी रहेगा।

डायमंड पाकेट बुक्स में
जीवनी माला पर आधारित पुस्तकें

मीना अग्रवाल
राजीव रत्न गांधी 75.00
इंदिरा गांधी 75.00
लोकमान्य तिलक 60.00
लाला लाजपत राय 60.00
सरदार पटेल 60.00

महेश शर्मा
राष्ट्र गौरव ए.पी.जे. अब्दुल कलाम 75.00
सोनिया गांधी 75.00
अटल बिहारी वाजपेयी 75.00
लालकृष्ण आडवाणी 75.00

हरीश शर्मा
गुरु गोलवलकर 60.00
डॉ. केशव हेडगेवार 60.00
डॉ. श्यामा प्रसाद मुखर्जी 60.00
दीन दयाल उपाध्याय 60.00

परमेश डंगवाल
हिम्मत है! किरण बेदी 125.00

कुलदीप नैयर
भगत सिंह : क्रांति में एक प्रयोग 60.00

जोगिन्दर सिंह
निर्भीक और निष्पक्ष 95.00

आशा प्रसाद
स्वामी विवेकानन्द 120.00

प्रकाश नगायच
गरीबों की मसीहा मदर टेरेसा 60.00
महात्मा गांधी : जीवनी एवं जीवन दर्शन 50.00
युग पुरुष नेहरू 50.00
श्री सत्य साई बाबा 30.00
शिरडी के साई बाबा 40.00

डॉ. गिरिराजशरण अग्रवाल
क्रांतिवीर सुभाष 50.00

डॉ. अश्विनी पाराशर
मर्यादा पुरुषोत्तम श्री राम 60.00

रचना भोला यामिनी
सुनीता विलियम्स 50.00

सुमित्रा गांधी कुलकर्णी
महात्मा गांधी (मेरे पितामह) परिवार और व्यक्तित्व 120.00
आजादी के नीतिकार 120.00

अशोक कौशिक
रामकृष्ण परमहंस 60.00
योगीराज अरविन्द 60.00
स्वामी विवेकानन्द 60.00
ईश्वर चन्द्र विद्यासागर 60.00
अशोक महान 60.00

राजशेखर मिश्रा
सौरव दा 95.00
सचिन 95.00
सहवाग 95.00
राहुल द्रविड़ 95.00

डॉ. भवान सिंह राणा
वीर सावरकर 60.00
स्वामी विवेकानन्द 60.00
शहीद भगत सिंह 60.00
गोपालकृष्ण गोखले 60.00
सरदार वल्लभ भाई पटेल 60.00
महाराणा प्रताप 50.00
छत्रपति शिवाजी 50.00
झांसी की रानी लक्ष्मीबाई 50.00
चन्द्रशेखर आजाद 60.00
रामप्रसाद बिस्मिल 60.00
गोविन्द वल्लभ पंत 60.00
अशफाक उल्ला खां 60.00
गणेश शंकर विद्यार्थी 60.00

महेश अम्बेडकर
भीमराव अम्बेडकर 50.00

अवधेश चतुर्वेदी
भारत का स्वाधीनता संग्राम 60.00
1857 का स्वतंत्रता संग्राम 60.00

पुस्तकें V.P.P. से मंगवायें। डाक व्यय प्रति पुस्तक 20/- तीन पुस्तकें एक साथ मंगवाने पर डाक व्यय फ्री।

डायमंड बुक्स

X-30, ओखला इंडस्ट्रियल एरिया, फेज-II नई दिल्ली-110020, फोन : 011-41611861, फैक्स : 011-41611866
ई-मेल : sales@diamondpublication.com, वेबसाइट : www.diamondpocketbooks.com

भारत के महान अमर क्रांतिकारी
रामप्रसाद बिस्मिल

डॉ. भवानसिंह राणा

डायमंड बुक्स

© लेखकाधीन

प्रकाशक : **डायमंड पॉकेट बुक्स (प्रा.) लि.**
X-30 ओखला इंडस्ट्रियल एरिया, फेज-II
नई दिल्ली-110020
फोन : 011-40712200
ई-मेल : sales@dpb.in
वेबसाइट : www.diamondbook.in

Bharat Ke Amar Krantikari Ram Prasad Bismil
By : Dr. Bhawan Singh Rana

दो शब्द

स्वतंत्रता संग्राम के क्रांतिकारियों का संदर्भ आते ही, जो वीर हमारी स्मृति में कौंध जाते हैं, उनमें रामप्रसाद बिस्मिल का नाम अग्रणी है। मध्य प्रदेश ग्वालियर के माता-पिता की संतान के रूप में बिस्मिल मैन पुरी उत्तर प्रदेश में जन्मे जो संभवतः उनका ननिहाल था, वह पिता के कठोर अनुशासन में पले बढ़े और उन्होंने अनेकों विद्वानों और साधुजन की संगति पाई, लेकिन अंग्रेज सरकार के प्रति विद्रोह की आग जो उनके सीने में एक बार बैठी, वह दिनों दिन धधकती चली गई। इस आग ने उनके देश प्रेम से ओत-प्रोत कवि को जगाया और वह उत्तरोतर देश के अतिरिक्त शेष सब प्रसंगों से विरक्त होते चले गए। यहां तक कि उनके उद्वेग ने उनके प्राणों के प्रति मोह को भी पीछे छोड़ दिया।

यह सब जानते हैं कि उन्होंने हंसते हुए फांसी का फंदा गले में यह कहते हुए डाल लिया कि अंग्रेज साम्राज्य का विनाश उनकी अंतिम इच्छा है, लेकिन उनका पूरा जीवन वृंतात भी सब जानें और वह विस्मृत न हो, यह भी बहुत जरूरी है क्योंकि देश हर एक युग में रामप्रसाद बिस्मिल मांग सकता है।

विश्वास है यह पुस्तक उस आग को जिलाए रखने में भरपूर समर्थ होगी।

- *लेखक*

विषय-सूची

रामप्रसाद बिस्मिल

पारिवारिक पृष्ठभूमि व प्रारम्भिक जीवन

वर्तमान मध्य प्रदेश में अंग्रेजों के शासन में एक देशी रियासत थी, 'ग्वालियर'। यहीं चम्बल नदी के तट पर दो गांव हैं। इन दोनों गांवों के निवासी उस समय बड़े ही उद्दंड स्वभाव के थे। यहां के लोगों पर राज्य के कानूनों का कोई प्रभाव नहीं था। जमींदार लोग जब चाहें, अपनी इच्छा से भूमिकर देते थे, जब इच्छा नहीं होती, नहीं देते थे। इस संबंध में जब कभी कोई राज्य का अधिकारी इन गांवों में पहुंचता, तो जमींदार लोग अपनी समस्त सम्पत्ति को लेकर अपने पशुओं आदि के साथ चम्बल के बीहड़ों में निकल जाते। राज्य के कानूनों एवं आदेशों की खुलेआम अवहेलना करना इनके लिए एक सामान्य बात थी। इनके इस प्रकार के व्यवहार पर भी यदा-कदा तत्कालीन शासन ने इन पर अपनी उदारता दिखाई थी। इसे उदारता कहा जाए अथवा सनक कि इसी व्यवहार के कारण एक जमींदार को भूमिकर से मुक्ति मिल गई थी। इस घटना का वर्णन करते हुए पण्डित रामप्रसाद बिस्मिल ने अपनी आत्मकथा में लिखा है-

"एक जमींदार के संबंध में एक कथा प्रचलित है कि मालगुजारी न देने के कारण ही उनको कुछ भूमि माफी में मिल गई। पहले तो कई साल तक भागे रहे। एक बार धोखे से पकड़ लिए गए तो तहसील के अधिकारियों ने उन्हें खूब सताया। कई दिन तक बिना खाना पानी बंधा रहने दिया। अन्त में जलाने की धमकी दे पैरों पर सूखी घास डालकर आग लगवा दी। किन्तु उन जमींदार महोदय ने भूमिकर देना स्वीकार नहीं किया और यही उत्तर दिया कि ग्वालियर महाराज के कोष में मेरे कर न देने से घाटा न पड़ जाएगा। संसार क्या जानेगा कि अमुक व्यक्ति उद्दण्डता के कारण ही अपना समय व्यतीत करता है। राज्य को लिखा गया, जिसका परिणाम यह हुआ कि उतनी भूमि उन महाशय को माफी में दे दी गई।"

इस प्रकार की उद्दण्डता करना यहां के निवासी अपने लिए बड़े गौरव की

बात समझते थे। एक बार इन लोगों ने राज्य के ऊंटों की चोरी की और इस पर भी राजकोप से बच गए। इस घटना का वर्णन शहीद बिस्मिल ने निम्नलिखित शब्दों में किया है-

"…..एक समय इन ग्रामों के निवासियों को एक अद्‌भुत खेल सूझा। उन्होंने महाराज के रिसाले के साठ ऊंट चुराकर बीहड़ों में छिपा दिए। राज्य को लिखा गया, जिस पर राज्य की ओर से आज्ञा हुई कि दोनों ग्राम तोप लगाकर उड़वा दिए जाएं। न जाने किस प्रकार समझाने-बुझाने से ऊंट वापस कर दिए गए और अधिकारियों को समझाया गया कि इतने बड़े राज्य में थोड़े से वीर लोगों का निवास है, इनका विध्वंस न करना ही उचित होगा। तब तोपें लौटाई गईं और ग्राम उड़ाए जाने से बचे।"

देसी रियासतें आन्तरिक प्रशासन के लिए उसके शासन के अधीन थीं। इस रियासत के ये निवासी लूट-पाट आदि की घटनाएं प्राय: अपनी रियासत में नहीं करते थे। इस प्रकार की घटनाओं के लिए इन लोगों का कार्यक्षेत्र समीप का अंग्रेजी राज्य होता था। ये लोग अंग्रेजी राज्य के समीपवर्ती क्षेत्र के धनवान लोगों के घरों में डकैतियां डाल रातों-रात चम्बल के बीहड़ों में जा छिपते और इस प्रकार पुलिस इनका कुछ भी नहीं बिगाड़ पाती। ये दोनों गांव अंग्रेजी राज्य की सीमा से प्राय: पन्द्रह मील की दूरी पर हैं। यहीं एक गांव में पण्डित श्री नारायण लाल रहते थे। पण्डितजी की पारिवारिक परिस्थिति अत्यंत सामान्य स्तर की थी। घर में उनकी भाभी का एकाधिकार चलता था, जो एक स्वार्थी प्रवृत्ति की महिला थी। पण्डित नारायण लाल के लिए धीरे-धीरे भाभी का दुर्व्यवहार असहनीय हो गया। इसलिए उन्होंने घर छोड़ देने का निर्णय लिया और अपनी धर्मपत्नी तथा दो अबोध पुत्रों को साथ लेकर घर से निकल पड़े। इस समय उनके बड़े पुत्र मुरलीधर की अवस्था आठ वर्ष तथा छोटे पुत्र कल्याणमल की केवल छ: वर्ष थी।

घर छोड़ने के बाद पण्डित नारायण लाल कई दिनों तक आजीविका की तलाश में इधर-उधर भटकते रहे तथा अन्त में शाहजहांपुर उत्तर प्रदेश पहुंचे और यहीं अरहिया नामक गांव में रहने लगे। इस समय देश में भयंकर अकाल पड़ा था। अत्यधिक प्रयत्न करने पर शाहजहांपुर में एक अतार महोदय के यहां पण्डित नारायण लाल को एक मामूली सी नौकरी मिली, जिसमें नाममात्र के लिए तीन रुपए प्रतिमास वेतन मिलता था। भयंकर अकाल में परिवार के चार प्राणियों का भरण-पोषण कर पाना अत्यधिक कठिन कार्य था। दादीजी एक समय, वह भी केवल आधा पेट भोजन करतीं, तब भी परिवार का निर्वाह न

हो पाता। अत्यधिक निर्धनता एवं कठिनाइयों का सामना करना पड़ता था। इसका उल्लेख करते हुए पण्डित रामप्रसाद बिस्मिल ने लिखा है-

"दादीजी ने बहुत प्रयत्न किया कि अपने आप केवल एक समय आधे पेट भोजन करके बच्चों का पेट पाला जाए, किन्तु फिर भी निर्वाह न हो सका। बाजरा, कुकनी, सामा, ज्वार इत्यादि खाकर दिन काटने चाहे, किन्तु फिर भी गुजारा न हुआ। तब आधा बथुवा, चना या कोई दूसरा साग, जो सबसे सस्ता हो उसको लेकर, सबसे सस्ता अनाज उसमें आधा मिलाकर थोड़ा सा नमक डालकर उसे स्वयं खातीं, लड़कों को चना या जौ की रोटी देती और इसी तरह दादाजी भी समय व्यतीत करते थे। बड़ी कठिनता से आधा पेट खाकर दिन तो कट जाता, किन्तु पेट में घोटूं दबाकर रात काटना कठिन हो जाता।"

भोजन के साथ ही वस्त्र एवं रहने के लिए मकान की समस्या भी विकट थी। अतः दादीजी ने कुछ घरों में कुटाई-पिसाई का काम करने का विचार किया, परंतु इस अकाल के समय में यह काम मिलना भी सरल नहीं था। बड़ी ही कठिनाई के साथ कुछ घरों में इस तरह का काम मिल पाया, परंतु इसे भी उन्हीं लोगों के घर में करना पड़ता था, जो लोग काम देते थे। यह काम भी बहुत ही कम मिल पाता था-मुश्किल से दिन में पांच-छः सेर जिसका पारिश्रमिक उन दिनों एक पैसा प्रति पसेरी मिलता था। अपनी पारिवारिक विवशताओं के कारण उन्हें इन्हीं एक डेढ़ पैसों के लिए तीन-चार घंटे काम करना पड़ता था। इसके बाद ही घर आकर बच्चों के भोजन की व्यवस्था करनी पड़ती। फिर भी दादीजी संतोष और धैर्य के साथ विपत्ति का सामना करतीं। वह बड़ी ही साहसी महिला थीं। पण्डित नारायण लाल कभी-कभी पत्नी एवं बच्चों के कष्टों को देखकर दुःखी हो जाते और अपनी पत्नी से पुनः अपने मूल निवास स्थान ग्वालियर चल पड़ने को कहते, किन्तु दादी बड़ी स्वाभिमानी महिला थीं। ऐसे अवसरों पर वे अपने पति का साहस बढ़ाती और कहती कि जिन लोगों के कारण घर छोड़ना पड़ा, फिर उन्हीं की शरण में जाना एक स्वाभिमानी व्यक्ति को शोभा नहीं देता। स्वाभिमान की रक्षा करते हुए प्राणों का परित्याग कर देना अच्छा है, किंतु स्वाभिमान का परित्याग मृत्यु से भी बढ़कर है। दुःख-सुख सदा लगे रहते हैं। दुःख के बाद सुख भी प्राप्त होता है। ये दिन भी सदा नहीं रहेंगे। अतः दादीजी फिर कभी लौटकर ग्वालियर राज्य नहीं गईं।

धीरे-धीरे चार-पांच वर्ष बीत गए। पण्डित नारायण लाल का कुछ स्थानीय लोगों से परिचय भी बढ़ गया। अकाल भी बीत गया। पण्डितजी के परिवार पर लोगों का विश्वास एवं स्नेह भी बढ़ गया। ब्राह्मण होने के कारण लोग सम्मान

भी देने लगे। दादाजी को कभी-कभी कुछ लोग अपने घर भोजन के लिए आमंत्रित करने लगे। पहले की तुलना में काम भी अधिक मिलने लगा। कभी कुछ दान दक्षिणा भी मिल जाती। इस प्रकार धीरे-धीरे कठिनाइयां कुछ कम होने लगीं।

पण्डित नारायण लाल भी ब्राह्मणवृत्ति करने लगे। कठिन परिश्रम से घर की स्थिति में कुछ सुधार हुआ। धीरे-धीरे बच्चे भी कुछ बड़े हो गए थे। बड़ा पुत्र पाठशाला में पढ़ने जाने लगा। पण्डितजी के कठिन परिश्रम से अब उनका वेतन भी बढ़कर सात रुपए प्रतिमाह हो गया था। परिवार की स्थिति को सुधारने में दादीजी के परिश्रम की भी महत्त्वपूर्ण भूमिका रही। ऐसे दुर्दिनों में उन्होंने जिस साहस का परिचय दिया, एक सामान्य ग्रामीण महिला से ऐसी अपेक्षा प्रायः कम ही की जाती है।

दादी का सामाजिक परिवेश

दादीजी ने ग्वालियर में कभी अपने घर से बाहर पांव भी नहीं रखा था। उन्होंने जिस परिवेश में जन्म लिया, वह एक रूढ़िवादी परंपराओं वाला परिवेश था। उस समाज में जात-पांत, छुआ-छूत आदि रूढ़ियां पूरी तरह व्याप्त थी। इन प्रथाओं का पालन करने में वहां के लोग नियम-कानून आदि की कोई परवाह नहीं करते थे। इसके लिए किसी के प्राण लेने में भी उन्हें किसी प्रकार का संकोच नहीं होता था। कोई भी महिला बिना घूंघट निकाले एक घर से दूसरे घर नहीं जा सकती थी। अनुसूचित जाति की महिलाओं की दशा तो और भी अधिक दयनीय थी। इन सब प्रथाओं का पालन कराने के लिए सवर्ण लोग तरह-तरह के अत्याचार करते थे। किसी भी महिला पर व्यभिचार का संदेह होने पर उसे काट कर चम्बल में बहा देना एक मामूली बात थी, जिसकी किसी को कानों कान खबर भी नहीं होती थी। अनुसूचित जातियों पर सवर्णों के अत्याचारों की कोई सीमा नहीं थी। इस संबंध में बिस्मिल ने एक घटना का उल्लेख किया है-

"एक समय किसी चमार की वधू, जो अंग्रेजी राज्य से विवाह करके गई थी, कुलप्रथानुसार जमींदार के घर पैर छूने के लिए गई। वह पैरों में बिछुए (नूपुर) पहने हुई थी। और सब पहनावा चमारों का पहने थी। जमींदार महोदय की नजर उसके पैरों पर पड़ी। पूछने पर मालूम हुआ कि चमार की बहू है। जमींदार साहब जूता पहनकर आए और उसके पैरों पर खड़े होकर इतने जोर से दबाया कि उसकी अंगुलियां कट गईं। उन्होंने कहा कि यदि चमारों की बहुएं

बिछुवा पहनेंगी तो ऊंची जाति के घर की स्त्रियां क्या पहनेंगी?"

इस समाज का केवल एक ही उज्ज्वल पक्ष था, वह था यहां के लोगों का सदाचरण। सभी लोगों का आचरण उच्च था। गांव में किसी भी जाति की महिलाओं को कोई भी बुरी नजर से नहीं देख सकता था। स्त्रियों के सम्मान की रक्षा के लिए लोग अपने प्राणों की भी परवाह नहीं करते थे। अन्यथा यह समाज पूर्णतया एक सामन्तवादी समाज था, जिसे सोलहवीं सदी का समाज कहा जा सकता है।

इस प्रकार के परिवेश में जन्म लेकर भी विपत्ति के दिनों का दादीजी ने जिस साहस के साथ सामना किया, उसे उनका एक क्रान्तिकारी कार्य ही कहा जाएगा। उनके इस साहस एवं त्याग ने अन्ततः इन विपत्तियों पर विजय पा ली। कठिन परिश्रम तथा कुछ ब्राह्मण कार्य करके पण्डित नारायण लाल की आर्थिक स्थिति में सुधार हुआ। इसके बाद उन्होंने नौकरी छोड़ दी। तथा पैसे दुअन्नी आदि सिक्के बेचने का कार्य करने लगे। बुरे दिनों ने विदा ले ली। खुशियों के दिन आए। बड़ा पुत्र मुरलीधर कुछ शिक्षा भी पा गया। पहले किसी दूसरे के घर में रहते थे, अब एक मकान भी खरीद लिया। एक के बाद दूसरे मकान में आश्रय पाने वाले परिवार को अपना घर प्राप्त हो गया, जहां वे शांति एवं आराम से रह सकते थे, जिसे अपना कह सकते थे। मकान हो जाने पर उन्होंने अपने बड़े पुत्र का विवाह करने का विचार किया। यद्यपि उस समय उसकी अवस्था पन्द्रह-सोलह वर्ष से अधिक नहीं थी, किंतु उस समय समाज में बाल विवाह की प्रथा थी। अतः पति-पत्नी अपने बच्चों को लेकर बच्चों के ननिहाल गए। वहीं रिश्ता तय हुआ और विवाह हो गया। पूरा परिवार तीन-चार महीने वहीं रहा तथा फिर नववधू को लेकर शाहजहांपुर आ गया।

अब परिवार में एक नवीन सदस्य का आगमन हो चुका था। पण्डित मुरलीधर पर भी गृहस्थी का उत्तरदायित्व आ गया था। उन्हें भी स्थानीय नगरपालिका में नौकरी मिल गई, जिसमें उन्हें पन्द्रह रुपये मासिक वेतन मिलने लगा। शिक्षा अधिक न होने पर भी उस समय पन्द्रह रुपये प्रतिमास की यह नौकरी कोई कम नहीं थी। फिर भी उन्होंने यह नौकरी लगभग दो वर्षों तक की, क्योंकि उन्हें यह नौकरी करना पसंद न था। वे कोई स्वतंत्र व्यवसाय करना चाहते थे। इसलिए उन्होंने नौकरी से त्यागपत्र दे दिया। इसके बाद क्या किया जाए, यह प्रश्न सामने था। खाली घर में तो बैठा नहीं जा सकता था। घर की स्थिति भी ऐसा काम करने की आज्ञा नहीं देती थी। इस सब को देखते हुए उन्होंने कचहरी में स्टाम्प बेचने का कार्य प्रारम्भ कर दिया। यह व्यवसाय उनके

लिए अत्यन्त शुभ रहा। इससे घर की आर्थिक स्थिति अत्यधिक सुधर गई।

इस व्यवसाय से पण्डित मुरलीधर ने अपने समाज में अपना एक विशेष स्थान बना लिया। वे अपने मुहल्ले के संभ्रान्त एवं सम्मानित लोगों में गिने जाने लगे। उन्होंने इसी व्यवसाय से तीन बैलगाड़ियां बनाईं, जिन्हें किराए पर लगा दिया गया। वे पैसे के लेन-देन का काम भी करने लगे। इस प्रकार उनकी आय के स्रोत भी बढ़ गए। यह व्यवसाय वास्तव में उनके जीवन में एक सुनहरा अध्याय सिद्ध हुआ। पहले जिस परिवार के पास पेट भरने के लिए भोजन भी नहीं था, वही परिवार अब साहूकारी का काम करने लगा था। पण्डित मुरलीधर अपने जीवन में प्राय: अन्त तक सरकारी स्टाम्प बेचने का व्यवसाय करते रहे। इसी व्यवसाय से उन्होंने अपनी संतान को शिक्षा-दीक्षा दी, किंतु सम्पन्न हो जाने पर भी वह एक साधारण गृहस्थ की तरह ही रहते थे, दिखावा उन्हें पसंद नहीं था। इसके साथ ही वह अखाड़े में जाने के भी बड़े शौकीन थे। उन्हें कसरत-व्यायाम आदि से बड़ा लगाव था। वह एक स्वस्थ-सुदृढ़ शरीर के व्यक्ति थे। उनका चरित्र बड़ा ही उत्तम था। वह इस विषय में बड़े सख्त व्यक्ति थे।

अपने परिवार की पूर्व स्थिति को सुधारने का सारा श्रेय पण्डित मुरलीधर को ही जाता है। वह वास्तव में एक सपूत सिद्ध हुए। उन्होंने अपने माता-पिता की सारी कठिनाइयों को दूर कर दिया। वह अपने माता-पिता द्वारा उठाए गए कष्टों को भूले नहीं थे, इसी से उन्होंने सदा परिश्रम एवं ईमानदारी की शिक्षा ग्रहण की थी। सवंत् 1953 में पण्डित मुरलीधर के घर में एक पुत्र ने जन्म लिया। दुर्भाग्य से यह पुत्र जीवित न रहा।

रामप्रसाद बिस्मिल का जन्म

ज्येष्ठ शुक्ला 11 संवत् 1954 सन् 1897 में पण्डित मुरलीधर की धर्मपत्नी ने द्वितीय पुत्र को जन्म दिया। इस पुत्र का जन्म मैनपुरी में हुआ था। संभवत: वहां बालक का ननिहाल रहा हो। इस विषय में श्री व्यथित हृदय ने लिखा है-"यहां यह बात बड़े आश्चर्य की मालूम होती है कि बिस्मिल के दादा और पिता ग्वालियर के निवासी थे। फिर भी उनका जन्म मैनपुरी में क्यों हुआ? हो सकता है, मैनपुरी में बिस्मिल जी का ननिहाल रहा हो।"

इस पुत्र से पूर्व एक पुत्र की मृत्यु हो जाने से माता-पिता का इसके प्रति चिन्तित रहना स्वाभाविक था। अत: बालक के जीवन की रक्षा के लिए जिसने जो उपाय बताया, वही किया गया। बालक को अनेक प्रकार के गण्डे ताबीज

आदि भी लगाए गए। बालक जन्म से ही दुर्बल था। जन्म के एक-दो माह बाद इतना दुर्बल हो गया कि उसके बचने की आशा ही बहुत कम रह गई थी। माता-पिता इससे अत्यन्त चिन्तित हुए। उन्हें लगा कि कहीं यह बच्चा भी पहले बच्चे की तरह ही चल न बसे। इस पर लोगों ने कहा कि संभवत: घर में ही कोई बच्चों का रोग प्रवेश कर गया है। इसके लिए उन्होंने उपाय भी सुझाया। बताया गया कि एक बिल्कुल सफेद खरगोश बालक के चारों ओर घुमाकर छोड़ दिया जाए। यदि बालक को कोई रोग होगा तो खरगोश तुरंत मर जाएगा। माता-पिता बालक की रक्षा के लिए कुछ भी करने को तैयार थे, अत: ऐसा ही किया गया। आश्चर्य की बात कि खरगोश तुरंत मर गया। इसके बाद बच्चे का स्वास्थ्य दिन पर दिन सुधरने लगा। यही बालक आगे चलकर प्रसिद्ध क्रान्तिकारी अमर शहीद रामप्रसाद बिस्मिल के नाम से प्रसिद्ध हुआ।

शिक्षा

सात वर्ष की अवस्था हो जाने पर बालक रामप्रसाद को पिता पण्डित मुरलीधर घर पर ही हिन्दी अक्षरों का ज्ञान कराने लगे। उस समय उर्दू का बोलबाला था। अत: घर में हिन्दी शिक्षा के साथ ही बालक को उर्दू पढ़ने के लिए एक मौलवी साहब के पास मकतब में भेजा जाता था।

पण्डित मुरलीधर पुत्र की शिक्षा पर विशेष ध्यान देते थे। पढ़ाई के मामले में जरा भी लापरवाही करने पर बालक रामप्रसाद को पिता की मार भी पड़ती रहती थी। हिन्दी अक्षरों का ज्ञान कराते समय एक बार उन्हें बंदूक के लोहे के गज से इतनी मार पड़ी थी कि गज टेढ़ा पड़ गया था। अपनी इस मार का वर्णन करते हुए उन्होंने लिखा है-

"बाल्यकाल से पिताजी मेरी शिक्षा का अधिक ध्यान रखते थे और जरा-सी भूल करने पर बहुत पीटते थे। मुझे अब भी भली-भांति स्मरण है कि जब मैं नागरी के अक्षर लिखना सीख रहा था तो मुझे 'उ' लिखना न आया। मैंने बहुत प्रयत्न किया। पर जब पिताजी कचहरी चले गए तो मैं भी खेलने चला गया। पिताजी ने कचहरी से आकर मुझसे 'उ' लिखवाया, मैं न लिख सका। उन्हें मालूम हो गया कि मैं खेलने चला गया था। इस पर उन्होंने मुझे बंदूक के लोहे के गज से इतना पीटा कि गज टेढ़ा पड़ गया। मैं भागकर दादाजी के पास चला गया, तब बचा।"

इसके बाद बालक रामप्रसाद ने पढ़ाई में कभी असावधानी नहीं की। वह परश्रिम से पढ़ने लगे। वह आठवीं कक्षा तक सदा अपनी कक्षा में प्रथम आते

थे, किंतु कुसंगति में पड़ जाने के कारण उर्दू मिडिल परीक्षा में वह लगातार दो वर्ष अनुत्तीर्ण हो गए। बालक की इस अवनति से घर में सभी को बहुत दुःख हुआ। दो बार एक ही परीक्षा में अनुत्तीर्ण होने पर बालक रामप्रसाद का मन उर्दू की पढ़ाई से उठ गया। उन्होंने अंग्रेजी पढ़ने की इच्छा व्यक्त की, किंतु पिता पण्डित मुरलीधर अंग्रेजी पढ़ाने के पक्ष में नहीं थे। वह रामप्रसाद को किसी व्यवसाय में लगाना चाहते थे। अन्ततः मां के कहने पर उन्हें अंग्रेजी पढ़ने भेजा गया। अंग्रेजी में आठवीं पास करने के बाद नवीं में ही वह आर्यसमाज के सम्पर्क में आए, जिससे उनके जीवन की दिशा ही बदल गई।

दादा-दादी की छत्रछाया में

बच्चों को घर में अपने माता-पिता से भी अधिक स्नेह अपने दादा-दादी से होता है। बालक रामप्रसाद भी इसके अपवाद नहीं थे। पिताजी अत्यधिक सख्त अनुशासन वाले व्यक्ति थे। इसका उल्लेख ऊपर किया जा चुका है। अतः पिताजी के गुस्से से बचने का उपाय रामप्रसाद के लिए अपने दादा श्री नारायण लाल ही थे। दादाजी सीधे-सादे, सरल स्वभाव के प्राणी थे। मुख्यरूप से सिक्के बेचना ही उनका व्यवसाय था। उन्हें अच्छी नस्ल की दुधारू गायें पालने का बड़ा शौक था। दूर-दूर से दुधारू गायें खरीदकर लाते थे और पोते को खूब दूध पिलाते थे। गायें इतनी सीधी थीं कि बालक रामप्रसाद जब-तब उनका थन मुंह में लेकर दूध पिया करते थे। दादाजी रमप्रसाद के स्वास्थ्य पर सदा ध्यान देते थे। इसके साथ ही दादा जी धार्मिक स्वभाव के पुरुष थे। वे सदा सांयकाल शिव मंदिर में जाकर लगभग दो घण्टे तक पूजा-भजन इत्यादि करते थे, जिसका बालक रामप्रसाद पर गहरा प्रभाव पड़ा। दादाजी का देहावसान लगभग पचपन वर्ष की आयु में हुआ।

दादीजी कठिन परिश्रमी महिला थीं। उन्होंने अपने जीवन में बड़े अभाव देखे थे, जिनका उन्होंने बड़ी दृढ़ता से सामना किया था। इसका वर्णन पहले ही किया जा चुका है।

ममतामयी मां

पण्डित रामप्रसाद बिस्मिल की मां पूर्णतया एक अशिक्षित ग्रामीण महिला थी। विवाह के समय उनकी अवस्था केवल ग्यारह वर्ष की थी। ग्यारह वर्ष की नववधू को घरेलू कामों की शिक्षा देने के लिए दादीजी ने अपनी छोटी बहिन को बुला लिया था। संभवतः दादीजी अभी तक कुटाई-पिसाई का काम करती

रहती थीं, जिससे उन्हें बहू को काम सिखाने का समय नहीं मिल पाता था। कुछ ही दिनों में उन्होंने घर का सारा काम भोजन बनाना आदि अच्छी तरह से सीख लिया था। रामप्रसाद जब छः-सात वर्ष के हो गए तो माताजी ने भी हिन्दी सीखना शुरू किया। उनके मन में पढ़ने की तीव्र इच्छा थी। घर के कामों को निबटाने के बाद वह अपनी किसी शिक्षित पड़ोसिन से लिखना-पढ़ना सीखने लगीं। अपनी तीव्र लगन से वह कुछ ही समय में हिन्दी की पुस्तकें पढ़ना सीख गईं। अपनी सभी पुत्रियों को भी स्वयं उन्होंने ही हिन्दी अक्षरों का ज्ञान कराया था।

बालक रामप्रसाद की धर्म में भी रुचि थी, जिसमें उन्हें अपनी माताजी का पूरा सहयोग मिलता था। वह पुत्र को इसके लिए नित्य प्रातः चार बजे उठा देती थीं। इसके साथ ही जब रामप्रसाद की अभिरुचि देशप्रेम की ओर हुई, तो मां उन्हें हथियार खरीदने के लिए यदा-कदा पैसे भी देती रहती थीं। वह सच्चे अर्थों में एक देशप्रेमी महिला थीं। बाद में जब रामप्रसाद आर्य समाज के सम्पर्क में आए, तो उनके पिताजी ने इसका बहुत अधिक विरोध किया, किंतु मां ने उनकी (रामप्रसाद की) इस भावना का सम्मान किया। आर्यसमाज के सिद्धांतों का उन पर पर्याप्त प्रभाव पड़ा। पहले वह एक पारंपरिक ब्राह्मण महिला थीं, किंतु अब उनके विचारों में काफी उदारता आ गई थी।

पण्डित रामप्रसाद की माताजी एक साहसी महिला थीं। महानतम विपत्ति में भी धैर्य न खोना उनके चरित्र का एक सबसे बड़ा गुण था। वह किसी भी विपत्ति में सदा अपने पुत्र का उत्साह बढ़ाती रहती थीं। पुत्र के दुःखी अथवा अधीर होने पर वह अपनी ममतामयी वाणी से सदा उन्हें सांत्वना देती थीं।

रामप्रसाद के परिवार में कन्याओं को जन्म लेते ही मार देने की एक क्रूर परंपरा रही थी। इस परंपरा को उनकी माताजी ने ही तोड़ा था। इसके लिए उन्हें अपने परिवार के विरोध का भी सामना करना पड़ा था। दादा और दादी दोनों कन्याओं को मार देने के पक्ष में थे और बार-बार अपनी पुत्रवधू को कन्याओं को मार देने की प्रेरणा देते थे, किंतु माताजी ने इसका डटकर विरोध किया और अपनी पुत्रियों के प्राणों की रक्षा की। उन्हीं के कारण इस परिवार में पहली बार कन्याओं का पालन-पोषण तथा विवाह हुआ था।

अपनी मां के व्यक्तित्व का रामप्रसाद बिस्मिल पर गहरा प्रभाव पड़ा। अपने जीवन की सभी सफलताओं का श्रेय उन्होंने अपनी मां को ही दिया है। मां के प्रति अपनी श्रद्धा व्यक्त करते हुए उन्होंने लिखा है-

"यदि मुझे ऐसी माता न मिलती तो मैं भी अतिसाधारण मनुष्यों की भांति

संसार चक्र में फंसकर जीवन निर्वाह करता। शिक्षादि के अतिरिक्त क्रांतिकारी जीवन में भी उन्होंने मेरी वैसी ही सहायता की, जैसी मेजिनी की उनकी माता ने की थी।.....माताजी का मेरे लिए सबसे बड़ा उपदेश यही था कि किसी की प्राण हानि न हो। उनका कहना था कि अपने शत्रु को भी कभी प्राण दण्ड न देना। उनके इस आदेश की पूर्ति करने के लिए मुझे मजबूरन एक-दो बार अपनी प्रतिज्ञा भंग भी करनी पड़ी।

जन्म दात्री जननी! इस जीवन में तो तुम्हारा ऋण परिशोध करने का प्रयत्न करने का भी अवसर न मिला। इस जन्म में तो क्या यदि अनेक जन्मों में भी सारे जीवन प्रयत्न करूं तो भी तुमसे उऋण नहीं हो सकता। जिस प्रेम तथा दृढ़ता के साथ तुमने इस तुच्छ जीवन का सुधार किया है, वह अवर्णनीय है। मुझे जीवन की प्रत्येक घटना का स्मरण है कि तुमने किस प्रकार अपनी देव वाणी का उपदेश करके मेरा सुधार किया है। तुम्हारी दया से ही मैं देश सेवा में संलग्न हो सका। धार्मिक जीवन में भी तुम्हारे ही प्रोत्साहन ने सहायता दी। जो कुछ शिक्षा मैंने ग्रहण की उसका भी श्रेय तुम्हीं को है। जिस मनोहर रूप से तुम मुझे उपदेश करती थी, उसका स्मरण कर तुम्हारी मंगलमयी मूर्ति का ध्यान आ जाता है और मस्तक नत हो जाता है। तुम्हें यदि मुझे ताड़ना भी देनी हुई, तो बड़े स्नेह से हर बात को समझा दिया। यदि मैंने धृष्टतापूर्वक उत्तर दिया, तब तुमने प्रेम भरे शब्दों में यही कहा कि तुम्हें जो अच्छा लगे, वह करो, किंतु ऐसा करना ठीक नहीं, इसका परिणाम अच्छा न होगा। जीवनदात्री! तुमने इस शरीर को जन्म देकर केवल पालन-पोषण ही नहीं किया, किन्तु आत्मिक, धार्मिक तथा सामाजिक उन्नति में तुम्हीं मेरी सदैव सहायक रहीं। जन्म-जन्मान्तर परमात्मा ऐसी ही माता दे।

महान-से-महान कष्ट में भी तुमने मुझे अधीर नहीं होने दिया। सदैव अपनी प्रेमभरी वाणी सुनाते हुई मुझे सांत्वना देती रही। तुम्हारी दया की छाया में मैंने जीवनभर कोई कष्ट अनुभव न किया। इस संसार में मेरी किसी से भोग-विलास तथा ऐश्वर्य की इच्छा नहीं। केवल एक तृष्णा है, वह यह कि एक बार श्रद्धापूर्वक तुम्हारे चरणों की सेवा करके अपने जीवन को सफल बना लेता। किंतु यह इच्छा पूर्ण होती दिखाई नहीं देती और तुम्हें मेरी मृत्यु का दु:खद संवाद सुनाया जाएगा। मां! मुझे विश्वास है कि तुम यह समझकर धैर्य धारण करोगी कि तुम्हारा पुत्र माताओं की माता-भारत माता-की सेवा में अपने जीवन को बलिवेदी पर भेंट कर गया और उसने तुम्हारे कुल को कलंकित नहीं किया, अपनी प्रतिज्ञा पर दृढ़ रहा। जब स्वाधीन भारत का इतिहास लिखा जाएगा, तो

उसके किसी पृष्ठ पर उज्जवल अक्षरों में तुम्हारा भी नाम लिखा जाएगा। गुरु गोविन्द सिंह की धर्मपत्नी ने जब अपने पुत्रों की मृत्यु का संवाद सुना था, तो बहुत हर्षित हुई थीं और गुरु के नाम पर धर्म-रक्षार्थ अपने पुत्रों के बलिदान पर मिठाई बांटी थी। जन्म दात्री वर दो कि अंतिम समय भी मेरा हृदय किसी प्रकार विचलित न हो और तुम्हारे चरण कमलों को प्रणाम कर मैं परमात्मा का स्मरण करता हुआ शरीर त्याग करूं।"

स्पष्ट है कि रामप्रसाद के जीवन पर उनकी मां का सबसे अधिक प्रभाव पड़ा था। उन्होंने अपने जीवन में अपनी मां को ही सबसे बड़े आदर्श के रूप में देखा था।

भाई-बहिन

पण्डित रामप्रसाद के जन्म से पूर्व ही उनके एक भाई की जन्म के कुछ ही समय बाद मृत्यु हो गई थी। रामप्रसाद के बाद उनके घर में पांच बहनों तथा तीन भाइयों का जन्म हुआ। इनमें से दो भाई तथा दो बहनें कुछ ही समय बाद मृत्यु को प्राप्त हो गए। इसके बाद परिवार में दो भाई तथा तीन बहनें रहीं। पहले ही उल्लेख हो चुका है कि उनके परिवार में कन्याओं की हत्या कर दी जाती थी। उनकी मां के कारण ही पहली बार इस परिवार में कन्याओं का पालन-पोषण हुआ। मां की ही प्रेरणा से तीनों पुत्रियों को अपने समाज के अनुसार अच्छी शिक्षा दी गई तथा उनका विवाह भी बड़ी धूम-धाम से किया गया।

पण्डित रामप्रसाद बिस्मिल के बलिदान के समय उनके छोटे भाई सुशीचन्द्र की अवस्था केवल दस वर्ष थी। बाद में उसे तपेदिक हो गई थी, जो चिकित्सा के अभाव में कुछ ही समय बाद दुनिया से चल बसा था। तीन बहनों का विवाह हो गया था, जिनमें से एक की विवाह के बाद मृत्यु हो गई थी। एक अन्य बहन बड़े भाई रामप्रसाद की मृत्यु का दुःख सहन नहीं कर सकी। उसने विष खाकर आत्महत्या कर ली। केवल एक बहन शास्त्रीदेवी ही शेष बचीं। इस करुणकथा का वर्णन श्रीमती शास्त्रीदेवी ने इस प्रकार किया है-

".....दो बहनें विवाह के बाद मर गईं। एक छोटी बहिन तो जहर खाकर मर गई। भाई को फांसी का हुक्म हुआ सुनकर उसने जहर खा लिया। उसकी शादी भाई ने एक जमींदार के साथ की थी। वह हम से छः मील की दूरी पर थी कुचेला के मौजे में। छोटा भाई बीमार हो गया तपेदिक हो गई थी। पिताजी अस्पताल में भर्ती कर आए। डॉक्टर ने कहा कि दो सौ रुपये दो, हम ठीक कर

सकते हैं। पिताजी ने कहा कि मेरे पास रुपये होते तो यहां क्यों आता? मुझे तो गवर्नमेण्ट ने भेंट दिया। लड़का भी गया, पैसा भी गया। अब तो बहुत दिन हो गए। गणेशशंकर विद्यार्थी पन्द्रह रुपये मासिक देते हैं, उनसे गुजर करता हूं। एक हफ्ता अस्पताल में रहा, उसे खून के दस्त हुए, चौबीस घण्टे में खत्म हो गया। दसवां दर्जा पास था। वह भी बोलने में बहुत अच्छा था। लोग कहते थे कि यह भी रामप्रसाद की तरह काम करेगा। अब इस समय मायके के सारे खानदान में मैं ही अकेली अभागिन रह गई हूं।"

उद्दण्ड स्वभाव बालक रामप्रसाद

रामप्रसाद बिस्मिल अपने बचपन में बहुत शरारती तथा उद्दण्ड स्वभाव के थे। दूसरों के बागों से फल तोड़ने तथा अन्य शरारतें करने में उन्हें बड़ा आनंद आता था। इस पर उन्हें अपने पिताजी के क्रोध का भी सामना करना पड़ता था। वह बुरी तरह पीटते थे, किंतु इसका भी उन पर (रामप्रसाद पर) कोई प्रभाव नहीं पड़ता था। एक बार किसी के पेड़ से आड़ू तोड़ने पर उन्हें इतनी मार पड़ी थी कि वह दो दिन तक बिस्तर से नहीं उठ सके थे। अपनी आत्मकथा में इस घटना का वर्णन करते हुए उन्होंने लिखा है-

"छोटेपन में मैं बहुत ही उद्दण्ड था। पिताजी के पर्याप्त शासन रखने पर भी बहुत उद्दण्डता करता था। एक बार किसी के बाग में जाकर आड़ू के वृक्षों में से सब आड़ू तोड़ डाले। माली पीछे दौड़ा किंतु उसके हाथ न आया। माली ने सब आड़ू पिताजी के सामने ला रखे। उस दिन पिताजी ने मुझे इतना पीटा कि मैं दो दिन तक उठ न सका। इसी प्रकार खूब पिटता था, किंतु उद्दण्डता अवश्य करता था। शायद उस बचपन की मार से ही यह शरीर बहुत कठोर तथा सहनशील बन गया।"

किशोर अवस्था और बुरी आदतें

पण्डित मुरलीधर को पहलवानी से बड़ा प्रेम था। उनका शरीर बड़ा ही स्वस्थ एवं बलवान था। वह अपने से डेढ़ गुना बलवान पहलवानों को कुश्ती में हरा देते थे। बालक रामप्रसाद के सात वर्ष के होने पर उन्हें उर्दू मकबत में भेजा जाने लगा। इसके कुछ दिनों बाद पण्डित मुरलीधर का किसी चटर्जी महाशय से परिचय हुआ जो एक कैमिस्ट थे; उनकी अंग्रेजी दवाओं की दुकान थीं। चटर्जी महाशय अनेक प्रकार के नशे के आदी थे, बाद में उन्हें शराब की भी लत पड़ गई थी। अन्ततः ये नशे उन्हें ले डूबे। उन्हें बीमारी ने जकड़ लिया

और वह दुनिया से अकाल ही चल बसे।

इन्हीं चटर्जी महाशय से पण्डित मुरलीधर का परिचय धीरे-धीरे प्रगाढ़ प्रेम में परिवर्तित हो गया। फलतः मित्र के सभी दुर्गुण उनमें भी आ गए। मुरलीधर भी चरस पीने लगे, जिससे उनके स्वास्थ्य की भयंकर हानि हुई। उनका सुन्दर बलवान शरीर सूखकर कांटा हो गया। उनके मित्रों तथा घरवालों को इससे बड़ी चिंता हुई। सभी ने उन्हें तरह-तरह से समझाया। तब कहीं जाकर बहुत दिनों बाद उनकी चरस पीने की आदत छूट पाई।

यह एक कटु सत्य है कि अभिभावकों की हर अच्छी-बुरी आदतों का प्रभाव उनके बच्चों पर अवश्य पड़ता है। भले ही अबोध बच्चे अपने बड़ों की बुरी आदतों का विरोध नहीं कर पाते; परंतु इससे उनके अचेतन मन में एक विरोध की भावना घर कर जाती है कभी-कभी बच्चे स्वयं भी उन बुरी आदतों की ओर आकृष्ट हो जाते हैं, क्योंकि उनका स्वभाव ही जिज्ञासु होता है। इसके साथ ही बच्चे के साथ मार-पीट और कठोर व्यवहार उसे जिद्दी बना देता है। कदाचित् अपने पिता की नशे की आदत तथा कठोर व्यवहार का बालक रामप्रसाद पर भी दुष्प्रभाव पड़े बिना नहीं रह सका।

चौदह वर्ष की अवस्था में रामप्रसाद उर्दू की चौथी कक्षा में उत्तीर्ण होकर पांचवीं में पहुंचे। अपनी इस किशोर अवस्था में उनमें अनेक दुर्गुण आ गए। वह घर से पैसों की चोरी करना सीख गए। इन पैसों से वह उपन्यास खरीदते। उपन्यास पढ़ना उनका प्रिय शौक बन गया। इसके साथ ही शृंगारिक साहित्य तथा उर्दू की गजलों का भी उन्हें चस्का लग गया। वह सिगरेट पीना भी सीख गए। यही नहीं भांग का भी स्वाद लिया जाने लगा। इन्हीं बुरी आदतों के कारण वह उर्दू मिडिल परीक्षा में दो साल अनुत्तीर्ण हो गए। बालक रामप्रसाद बुरी आदतों के दलदल में फंसतें गए। इससे बच पाना उनके लिए कठिन हो गया। वह जिस पुस्तक विक्रेता से उपन्यास आदि खरीदते थे, वह पण्डित मुरलीधर का परिचित था। रामप्रसाद का अध:पतन देखकर उसे दु:ख हुआ। अत: इसकी शिकायत रामप्रसाद के पिता से कर दी। पिता जी सावधान रहने लगे। बालक रामप्रसाद भी सावधान थे। उन्होंने उसकी दुकान से उपन्यास खरीदना ही बंद कर दिया।

संभवत: भगवान को रामप्रसाद का यह पतन स्वीकार नहीं था। एक बार वह भांग के नशे में डूबे हुए पिताजी के संदूक में हाथ साफ कर रहे थे। इतने में असावधानी से संदूक की कुण्डी जोर से खटक पड़ी। इसे उनकी माताजी ने सुन लिया और रंगे हाथों पकड़े गए। उन्होंने पिताजी के संदूक के ताले की दूसरी चाबी बना ली थी। इस पर उनके अपने संदूक में देखा गया। उसमें अनेक

उपन्यास, ग़ज़लों की किताबें तथा रुपये भी रखे मिले। सभी पुस्तकें फाड़कर जला दी गईं। इसके बाद उनकी सभी गतिविधियों पर विशेष ध्यान दिया जाने लगा। पिताजी ने अपने संदूक का ताला ही बदल लिया। रामप्रसाद बुरी आदतों के शिकार हो चुके थे। आदतों का छूटना इतना आसान नहीं होता। यद्यपि वह सुधरने का पूरा प्रयत्न करते, किंतु सिगरेट छोड़ पाना उनके लिए बड़ा कठिन हो गया था। जब भी उन्हें मौका मिलता, वह अपनी मां के पैसों पर हाथ साफ करने से नहीं चूकते। परंतु मां के पास इतने पैसे नहीं रहते थे कि उनके पहले की तरह सभी शौक पूरे हो सकें। साथ ही मां भी सावधान रहती थीं। और रामप्रसाद को भी अब स्वत: अपनी बुराई का आभास होने लगा कि ऐसा करना अच्छा नहीं था।

बुराइयों से मुक्ति

अपनी इन बुरी आदतों के कारण रामप्रसाद मिडिल में दो वर्ष अनुत्तीर्ण हो गए। उनकी इच्छा पर उन्हें अंग्रेजी स्कूल में प्रवेश दिला दिया गया। उनके घर के पास ही एक मंदिर था। इन्हीं दिनों इस मंदिर में एक नए पुजारीजी आ गए; जो बड़े ही उदार और चरित्रवान व्यक्ति थे। रामप्रसाद अपने दादा जी के साथ पहले से ही मंदिर में जाने लगे थे। नए पुजारीजी से भी रामप्रसाद प्रभावित हुए। वह नित्य मंदिर में आने-जाने लगे। पुजारीजी के सम्पर्क में वह पूजा-पाठ आदि भी सीखने लगे। पुजारीजी पूजा-पाठ के साथ ही उन्हें संयम-सदाचार, ब्रह्मचर्य आदि का भी उपदेश देते थे। इस सबका रामप्रसाद पर गहरा प्रभाव पड़ा। वह समय का सदुपयोग करने लगे। उनका अधिकतर समय पढ़ने तथा ईश्वर उपासना में बीतने लगा। उन्हें इस कार्य में आनंद आने लगा। इसके साथ ही वह व्यायाम भी नियमित रूप में करने लगे। उनकी सभी बुरी आदतें छूट गईं, किंतु सिगरेट छोड़ना उन्हें बहुत कठिन लगा। इस समय वह प्रतिदिन लगभग पचास-साठ सिगरेट पी जाते थे। इस बुराई को न छोड़ पाने का उन्हें दु:ख था। वह समझते थे संभवत: उनकी यह बुरी आदत कभी नहीं छूट पाएगी।

उर्दू स्कूल छोड़कर उन्होंने मिशन स्कूल की पांचवी कक्षा में नाम लिखा लिया। यहां उनको अपने एक सहपाठी सुशीलचन्द्र सेन से विशेष प्रेम हो गया। अपने इसी सहपाठी के संपर्क में आने पर उनकी सिगरेट पीने की लत भी छूट गई।

द्वितीय अध्याय

नये विश्वास-नया जीवन

जिन दिनों रामप्रसाद अपने घर के पास वाले मंदिर में ईश्वर की आराधना करते थे, तभी उनका परिचय मुंशी इन्द्रजीत से हुआ, जो आर्यसमाजी विचारधारा के थे। उनका मंदिर के पास ही रहने वाले किसी सज्जन के घर आना-जाना था। रामप्रसाद की धर्म में अभिरुचि देखकर मुंशी इन्द्रजीत ने उन्हें संध्या उपासना करने का परामर्श दिया। रामप्रसाद ने संध्या के विषय में उनसे विस्तार में पूछा। मुंशीजी ने संध्या का महत्त्व तथा उपासना की विधि उन्हें समझाई। इसके बाद उन्होंने रामप्रसाद को आर्य सामाज के सिद्धांतों के बारे में भी बताया और पढ़ने के लिए सत्यार्थ प्रकाश दिया।

सत्यार्थ प्रकाश पढ़ने पर रामप्रसाद के विचार में एक अभूतपूर्व परिवर्तन आया। उन्हें वैदिक धर्म को जानने का सुअवसर प्राप्त हुआ। इससे उनके जीवन में नए विचारों और विश्वासों का जन्म हुआ, उन्हें एक नया जीवन मिला, उन्होंनें सत्य, संयम, ब्रह्मचर्य का महत्त्व आदि विषयों को जाना। उन्होंने अखण्ड ब्रह्मचर्य व्रत का प्रण किया। इसके लिए उन्होंने अपनी पूरी जीवनचर्या ही बदल डाली। भूमि में तख्ते पर सोना, सात्विक आचार-विचार, संयम से रहना यही सब उनका जीवन बन गया। इससे उनका शरीर अपूर्व कांतिमय एवं सुदृढ़ बन गया। सत्यार्थ प्रकाश के अध्ययन ने उनके जीवन की दशा ही बदल डाली। इस प्रभाव के विषय में उन्होंने स्वयं लिखा है-

"इसके बाद मैंने सत्यार्थ प्रकाश पढ़ा। इससे तख्ता ही पलट गया। सत्यार्थ प्रकाश के अध्ययन ने मेरे जीवन के इतिहास में एक नवीन पृष्ठ खोल दिया। मैंने उसमें उल्लिखित ब्रह्मचर्य के कठिन नियमों का पालन करना प्रारंभ कर दिया। मैं एक कंबल को तख्त पर बिछाकर सोता और प्रात:काल चार बजे से ही शय्या त्याग कर देता। स्नान-संध्यादि से निवृत्त होकर व्यायाम करता, किंतु मन की वृत्तियां ठीक न होतीं। मैंने रात्रि के समय भोजन करना त्याग दिया। केवल थोड़ा सा दूध ही रात के समय पीने लगा। सहसा ही बुरी आदतों को छोड़ा था, इस कारण कभी-कभी स्वप्नदोष हो जाता। तब किसी सज्जन के

कहने पर मैंने नमक खाना भी छोड़ दिया। केवल उबालकर साग या दाल से एक समय भोजन करता। मिर्च खटाई तो छूता भी न था। इस प्रकार पांच वर्ष तक बराबर नमक न खाया। नमक न खाने से शरीर के दोष दूर हो गए और मेरा स्वास्थ्य दर्शनीय हो गया। सब लोग मेरे स्वास्थ्य को आश्चर्य की दृष्टि से देखा करते थे।"

इस प्रकार जो बालक अपनी किशोर अवस्था में एक बार अनेक बुरी लतों का आदी हो गया था, सत्यार्थ प्रकाश के अध्ययन ने उसका पूरा जीवन ही बदल डाला। वह एक आदर्श किशोर बन गया। उसका यह परिवर्तन सभी को आश्चर्य में डाल देता था।

विचारों का विरोध

आर्य समाज के प्रति रामप्रसाद की जिज्ञासा दिन-प्रतिदिन बढ़ती गई। वह आर्य समाज की सभाओं में जाने लगे। वहां आर्य समाज के विषय में दिए गए व्याख्यानों को वह बड़े मनोयोग से सुनते। आर्य समाज के साधु-महात्माओं के प्रति उनके हृदय में अपार श्रद्धा उत्पन्न हो गई। साधु-महात्माओं की सेवा करने में उन्हें बड़ा आनंद मिलता। इन्हीं दिनों वह योग के प्रति भी आकर्षित हुए, उन्हें प्राणायाम सीखने की तीव्र इच्छा थी। अपनी इस इच्छा की पूर्ति के लिए वह किसी भी साधु-महात्मा के आगमन का समाचार सुनकर उसी के पास पहुंच जाते।

आर्य समाज हिन्दू धर्म में फैली सभी बुराइयों का विरोध करके इसे एक विशुद्ध वैज्ञानिक स्वरूप देना चाहता है। इसकी इस विचारधारा के कारण पुरातनपंथी, अंधविश्वासी हिन्दू इसके विरोधी रहे हैं। जब रामप्रसाद मिशन स्कूल में सातवीं कक्षा के विद्यार्थी थे, उन्हीं दिनों सनातन हिन्दू मत के अनुयायी पण्डित जगत प्रसाद आर्य समाज का खण्डन कर रहे थे। इसी सिलसिले में वह शाहजहांपुर पहुंचे। उन्होंने आर्य समाज का विरोध करना प्रारंभ कर दिया। आर्य समाजियों ने उनके इस कार्य का विरोध किया और उनसे शास्त्रार्थ करने के लिए प्रसिद्ध विद्वान पण्डित अखिलानन्द को बुलाया गया। दोनों में शास्त्रार्थ हुआ, किंतु यह शास्त्रार्थ संस्कृत भाषा में हुआ था। संभवतः इसमें आर्य समाज की ही विजय हुई थी।

रामप्रसाद पूर्णतया आर्य समाज के रंग में रंग चुके थे स्वाभाविक रूप में वह समाज में फैली बुराइयों का विरोध करने लगे। इससे उनके मुहल्ले के कुछ लोगों के विचारों को ठेस लगी। अतः उन्होंने रामप्रसाद की शिकायत उनके

पिताजी से की। पिताजी ने रामप्रसाद से तुरंत आर्य समाज छोड़ देने के लिए कहा, किंतु उन्हें आर्य समाज के सिद्धांतों पर दृढ़ आस्था थी। वह ऐसा करने के लिए तैयार नहीं हुए। इस पर पिता पुत्र में विवाद बढ़ गया। कोई भी अपनी बात पर पीछे हटने को तैयार नहीं था। पिताजी ने अंतिम चेतावनी दे दी-"आर्य समाज छोड़ दो या घर से निकल जाओ, अन्यथा रात में सोते समय तुम्हारी हत्या कर दी जाएगी।"

रामप्रसाद को पिताजी के इस व्यवहार से भारी दु:ख हुआ। उन्होंने अपने मन में विचार किया-"पिताजी जिद्दी स्वभाव के हैं। हो सकता है वह कोई अनुचित व्यवहार कर बैठें। इससे घर की ही बदनामी होगी। ऐसी परिस्थिति में घर छोड़ देना ही उचित होगा।" वह इसी विषय में चिंतन कर रहे थे और धोती पहनने का उपक्रम कर रहे थे। पिताजी का क्रोध अपने आपे से बाहर हो चुका था। उन्होंने क्रोध में आकर रामप्रसाद की धोती हाथ से छीन ली तथा आदेशात्मक स्वर में कहा, "जाओं घर से निकल जाओ।" पिताजी के इस असंभावित व्यवहार से रामप्रसाद को अकल्पनीय दु:ख हुआ। उन्होंने पिताजी के चरण स्पर्श किए और घर से निकल पड़े। इस समय उनके शरीर पर केवल एक कमीज तथा लंगोट के सिवाय कुछ भी न था।

आवेश में वह घर से निकल गए, किंतु अब समस्या सामने खड़ी थी कि कहां जाएं? शहर में कोई ऐसा परिचित नहीं था कि शरण दे पाता। उनकी समझ में कुछ न आया। पग स्वयं ही जंगल की ओर बढ़ गए। एक रात और एक दिन पूरे चौबीस घंटे रास्ते में किसी बाग के एक पेड़ पर गुजारे। भूख पर किसी का वश नहीं चलता, अत: भूख से व्याकुल होने पर पास के खेतों से कच्चे चने तोड़कर खा लिए। पास ही में बहने वाली नदी में नहाया भी और पानी भी पिया। इसके दूसरे दिन आर्य समाज मंदिर में पंडित अखिलानन्द का व्याख्यान था, अत: व्याख्यान सुनने के लिए वहां पहुंच गए और एक पेड़ के नीचे खड़े होकर व्याख्यान सुनने लगे।

यद्यपि पण्डित मुरलीधर ने क्रोध के आवेश में पुत्र को घर से निकाल तो दिया, किंतु बाद में स्वयं उन्हें अपने व्यवहार पर भारी ग्लानि हुई। रामप्रसाद के घर से निकल जाने पर घर में सभी दु:खी थे। इस बीच घर में किसी ने भोजन नहीं किया। सबके मन में तरह-तरह की शंकाएं उभरने लगीं। कहीं वह रेल से कटकर अथवा नदी में डूबकर आत्महत्या न कर ले। क्रोध में मनुष्य अपना विवेक खो बैठता है, किंतु बाद में उसे स्वयं अपने कृत्य पर पछतावा होता है, सभी लोग उसे भला-बुरा कहते हैं। अत: रामप्रसाद की खोज होने लगी। सबने

विचार किया कि वह आर्य समाज मंदिर में ही मिल सकते हैं। रामप्रसाद वहां व्याख्यान सुन रहे थे। इतने में उनके पिताजी दो अन्य व्यक्तियों के साथ वहां पर पहुंच गए। उन्हें वहां से समझा-बुझाकर ले आए। सबसे पहले उन्हें मिशन स्कूल के प्रधान अध्यापक के पास ले गए, जहां रामप्रसाद पढ़ते थे। प्रधान अध्यापक महोदय स्वयं एक ईसाई थे। उन्हें सारी बातें बताई गई। उन्होंने पण्डित मुरलीधर को समझाया कि "लड़का समझदार है; वह अपना भला बुरा स्वयं समझ सकता है, अगर वह आर्य समाज के सिद्धांतों को उचित समझता है, तो उसे बलपूर्वक इससे विमुख नहीं किया जा सकता, ऐसा करना उचित भी नहीं होगा। इससे उसके मन में विद्रोह की भावना का जन्म लेना स्वाभाविक ही है और फिर इतने बड़े लड़के के साथ मार-पीट करना उचित नहीं है।"

इसके बाद घर वालों ने आर्य समाज के प्रति उनके दृष्टिकोण का विरोध करना छोड़ दिया। पिताजी ने फिर उनके ऊपर कभी हाथ नहीं उठाया। हां, दादीजी को यह कदापि पसंद नहीं था कि उनका पोता आर्य समाजी बने। वह बार-बार आर्य समाज के कार्यकलापों में भाग न लेने की सलाह देती रहतीं, किंतु मां पुत्र की भावनाओं का सम्मान करती थी। वह सदा पुत्र का उत्साह बढ़ातीं, जिसके कारण उन्हें कई बार पति की डांट-फटकार भी सुननी पड़ती थी। रामप्रसाद अपने मार्ग पर आगे बढ़ते रहे।

कुमार सभा में

आर्य समाज से प्रभावित युवकों ने आर्य समाज मंदिर में कुमार सभा की स्थापना की थी। प्रत्येक शुक्रवार को कुमार सभा की एक बैठक होती थी। यह सभा धार्मिक पुस्तकों पर बहस, निबंध लेखन, वाद-विवाद आदि का आयोजन करती थी। रामप्रसाद भी इसके सदस्य थे। यहीं से उन्होंने सार्वजनिक रूप में बोलना प्रारंभ किया। कुमार सभा के सदस्य शहर तथा उसके आस-पास लगने वाले मेलों में आर्य समाज के सिद्धातों का प्रचार करते थे तथा बाजारों में भी इस विषय में व्याख्यान देते थे। इस प्रकार का प्रचार कार्य मुसलमानों को सहन नहीं हुआ। सांप्रदायिक वैमनस्य बढ़ने का खतरा दिखाई देने लगा। अत: बाजारों में व्याख्यान देने पर प्रशासन ने प्रतिबंध लगा दिया। आर्य समाज के बड़े-बड़े नेता लोग कुमार सभा के सदस्यों को अपने संकेतों पर नचाना चाहते थे, परंतु युवक उनका नियंत्रण स्वीकार करने को किसी प्रकार तैयार न थे। अत: कुमार सभा के लिए आर्य समाज मंदिर में ताला लगा दिया गया। उन्हें मंदिर में सभा न करने के लिए बाध्य कर दिया गया। साथ ही चेतावनी दी गई की यदि उन्होंने

मंदिर में सभा की तो उन्हें पुलिस द्वारा बाहर निकलवा दिया जाएगा। इससे युवकों को बड़ी निराशा हुई, उन्हें ऐसी आशा नहीं थी। फिर भी वे दो-तीन महीनों तक मैदान में ही अपनी साप्ताहिक बैठक करते रहे। सदा ऐसा करना संभव नहीं था, अतः कुमार सभा समाप्त हो गई। बुजुर्ग आर्यसमाजियों ने अपनी नेतागिरी दिखाने के लिए युवकों की भावनाओं की हत्या कर दी।

कुमार सभा के टूट जाने पर भी उसका शहर की जनता पर अच्छा प्रभाव पड़ चुका था। लखनऊ में सम्पन्न होने वाले कांग्रेस के अधिवेशन के साथ ही अखिल भारतीय कुमार सभा का भी वार्षिक सम्मेलन होने वाला था। राम प्रसाद इसमें भाग लेने के इच्छुक थे। इसमें भाग लेने पर कांग्रेस का अधिवेशन देखने का भी अवसर मिल जाता। उन्होंने अपनी यह इच्छा अपने घर वालों के सामने रखी, किंतु उनके पिताजी तथा दादीजी इससे सहमत न हुए। दोनों ने इसका प्रबल विरोध किया, केवल उनकी माताजी ने ही उन्हें वहां भेजने का समर्थन किया। उन्होंने पुत्र को वहां जाने के लिए खर्चा भी दिया, जिसके कारण उन्हें पति की डांट-फटकार का भी सामना करना पड़ा। इस सम्मेलन में लाहौर तथा शाहजहांपुर की कुमार सभाओं को ही सबसे अधिक पुरस्कार प्राप्त हुए। देश के सभी प्रमुख समाचारपत्रों ने इस समाचार को प्रकाशित किया था।

लखनऊ कांग्रेस अधिवेशन में लोकमान्य बालगंगाधर तिलक के स्वागत में रामप्रसाद ने विशेष भूमिका निभाई। इसका वर्णन अगले अध्याय में यथास्थान किया जाएगा।

आर्य समाज का प्रभाव

यद्यपि रामप्रसाद बिस्मिल का जन्म एक परंपरागत रूढ़िवादी ब्राह्मण परिवार में हुआ था, किंतु आर्य समाज के प्रभाव ने उनके जीवन को आमूल बदल कर रख दिया। सत्यार्थ प्रकाश के अध्ययन से वह एक सच्चे सत्यशोधक बन गए आर्य समाज के सिद्धांतों को उन्होंने अपने व्यावहारिक जीवन में अपना लिया। इस विषय में उनके जीवन की एक-दो घटनाएं विशेष उल्लेखनीय हैं।

एक बार रामप्रसाद बिस्मिल अपने कुछ साथियों के साथ ट्रेन से कहीं जा रहे थे। इस यात्रा में उन्होंने तृतीय श्रेणी के टिकट लिए थे, परंतु वह अपने अन्य साथियों के साथ द्वितीय श्रेणी के डिब्बे में जा बैठे। यात्रा पूरी होने पर अपने इस कृत्य पर उन्हें अत्यंत खेद हुआ। उन्होंने अपने साथियों से कहा कि उन्हें इस यात्रा का बाकी भाड़ा स्टेशन मास्टर के पास जमा कर देना चाहिए। संभवतः शेष भाड़ा जमा कर दिया गया। इसी प्रकार दूसरी बार उनके पिताजी

को किसी के साथ दीवानी का दावा करना था। इसके लिए वह एक वकील रख गए थे तथा उससे कह गए थे कि इस विषय में जो भी काम करना हो, रामप्रसाद से करा लें। पिताजी कहीं बाहर चले गए थे। वकील ने दावे के कागज तैयार किए। उन पर हस्ताक्षर कराने के लिए रामप्रसाद बिस्मिल को बुलाया और वकालत नामे पर उनके पिता के हस्ताक्षर करने के लिए कहा, किंतु रामप्रसाद सच्चे आर्य समाजी थे उन्हें पिताजी के जाली हस्ताक्षर करना धर्म विरुद्ध प्रतीत हुआ। अतः उन्होंने ऐसा करने से मना कर दिया। इस विषय में उन्होंने स्वयं लिखा है।-

"...वकील साहब ने मुझे बुला भेजा और कहा कि मैं पिताजी के हस्ताक्षर वकालत नामे पर कर दूं। मैंने तुरंत उत्तर दिया कि यह तो धर्म विरुद्ध होगा, इस प्रकार का पाप मैं कदापि नहीं कर सकता। वकील साहब ने बहुत समझाया कि एक सौ रुपये से अधिक का दावा है, मुकदमा खारिज हो जाएगा। किंतु मुझ पर कुछ भी प्रभाव न हुआ, न मैंने हस्ताक्षर किए। अपने जीवन में मैं सर्वप्रकारेण सत्य का आचरण करता था। चाहे जो कुछ हो जाए, सत्य बात कह देता।"

उनकी बहिन का विवाह होने वाला था। सब लोग ग्वालियर पहुंच गए थे, किंतु अपनी परीक्षा के कारण बिस्मिल बारात आने वाले दिन ही वहां पहुंच पाए। वहां पहुंचकर उन्हें ज्ञात हुआ कि बारात में एक वेश्या भी आई है। बारात में वेश्या का आना उन्हें आर्य समाज के सिद्धांतों के प्रतिकूल लगा, अतः वह विवाह में सम्मिलित ही नहीं हुए। उस दिन घर में रहे ही नहीं।

इन सब घटनाओं के अतिरिक्त वह अपने जीवन में ब्रह्मचर्य आदि आर्य सिद्धांतों को भी उतार चुके थे, जिनकी चर्चा उनके विचारों के अन्तर्गत आगे की जाएगी।

स्वामी सोमदेव का सान्निध्य और प्रभाव

प्रसिद्ध आर्य समाजी महात्मा स्वामी सोमदेवजी महाराज से पण्डित रामप्रसाद बिस्मिल अत्यधिक प्रभावित थे बिस्मिल जब मिशन स्कूल में आठवीं कक्षा के विद्यार्थी थे तब स्वामी सोमदेव आर्य समाज मंदिर शाहजहांपुर आए थे। उन्होंने आर्य समाज के विषय में भाषण दिए थे, जिनका जनता पर अच्छा प्रभाव पड़ा था। इन भाषणों से रामप्रसाद बिस्मिल के मन में स्वामीजी के प्रति गहरी श्रद्धा उत्पन्न हुई। स्वामीजी का स्वास्थ्य इन दिनों ठीक नहीं चल रहा था, अतः वह कुछ दिन आर्य समाज मंदिर में रहे। यहीं रामप्रसाद बिस्मिल को उनकी सेवा करने तथा उनके सम्पर्क में आने का अवसर मिला। वह सारे दिन और रात्रि में

दो-तीन बजे तक स्वामीजी के साथ रहते। स्वामी जी उन्हें सदा नैतिक एवं आध्यात्मिक उन्नति के उपदेश देते थे। इससे रामप्रसाद बिस्मिल उनके व्यक्तित्व से अत्यंत प्रभावित हुए। उनकी शिक्षाओं से उनमें एक नवीन आत्मबल का उदय हुआ, उनकी जीवनधारा ही बदल गई। रामप्रसाद बिस्मिल स्वामी सोमदेव को अपना गुरु तथा पथ प्रदर्शक मानते थे।

स्वामी सोमदेव मूलतः लाहौर के रहने वाले थे। उनके दादा महाराज रणजीतसिंह के मंत्री रह चुके थे, अतः उनका परिवार एक सुखी, सम्पन्न एवं सम्मानित परिवार था। उनका जन्म का नाम श्री ब्रजलाल चोपड़ा था। उनके जन्म के कुछ ही देर बाद उनकी माता का देहांत हो गया, अतः उनका पालन पोषण उनकी दादी ने किया था। वह अपने माता-पिता की एकमात्र संतान थे। उन्होंने अपने जीवन में कई प्रकार के कटु अनुभवों का सामना किया था। उनकी चाचियों ने कई बार उन्हें विष देकर मार डालने का प्रयत्न किया था, किंतु चाचा को उनसे गहरा स्नेह था। वह अपने चचेरे भाइयों के साथ अंग्रेजी स्कूल के विद्यार्थी रह चुके थे। एण्ट्रेन्स परीक्षा में उनके सभी चचेरे भाई अनुत्तीर्ण हो गए थे, किंतु वह विश्वविद्यालय में सर्वप्रथम आए। इस पर उनके चचेरे भाई तथा चाचियां उनसे ईर्ष्या करने लगीं। परीक्षा फल घोषित होने के दिन उन लोगों ने घर में खाना भी नहीं बनाया। इससे उनके मन को गहरा आघात लगा। उनका मन पढ़ाई से ही उठ गया। यद्यपि चाचा के कहने पर उन्होंने कॉलेज में प्रवेश ले लिया, किंतु वह पढ़ाई के प्रति उदासीन रहने लगे।

ब्रजलाल बाल्यकाल से ही बड़े दयालु स्वभाव के थे। विद्यार्थी जीवन में वह अपने कपड़े, कॉपी, किताबें आदि निर्धन विद्यार्थियों को बांट देते तथा स्वयं पुराने कपड़े पहनकर स्कूल जाते। उनके चाचाजी को जब यह मालूम हुआ, तो उन्होंने उनसे कहा कि जिन विद्यार्थियों को वह कुछ देना चाहें, उन्हें (चाचाजी को) बता दें, वह स्वयं उनके लिए कपड़े खरीद देंगे। ब्रजलाल निर्धन विद्यार्थियों को भोजन के लिए घर भी बुला लाते। इस पर चाचियों तथा चचेरे भाइयों के अत्याचार दिन पर दिन बढ़ने लगे। उनके अत्याचार सहन सीमा से बाहर हो गए। इसलिए एक रात्रि जब घर के सब लोग सोये थे, वह चुपचाप सदा के लिए घर से निकल गए। उन्होंने घर से कोई भी सामान साथ न लिया।

घर से निकलकर घूमते-घूमते ब्रजलाल चोपड़ा हरिद्वार पहुंचे। यहां वह किसी महात्मा की खोज में भटकने लगे, जो उन्हें ज्ञान का मार्ग दिखाता। अंत में उनकी एक सिद्ध महात्मा से भेंट हो गई। इन्हीं महात्माजी से उन्होंने योग की शिक्षा प्राप्त की। कई वर्षों तक उस महात्मा के साथ रहने पर ब्रजलाल को योग

का अच्छा अभ्यास हो गया। वह उठारह-बीस घण्टे की समाधि लेने में तथा योग से अपने शरीर को रूई की तरह भारहीन कर पानी के ऊपर चलने में समर्थ हो गए। इसके बाद उनका जीवन आमूल बदल गया। अब वह ब्रजलाल चोपड़ा से स्वामी सोमदेव बन गए।

स्वामी सोमदेव केवल एक योगी ही नहीं, अपितु बहुमुखी प्रतिभा के धनी व्यक्ति थे। उन्होंने अनेक स्थानों का भ्रमण किया था। वह अगाध ज्ञान का भण्डार थे। उन्होंने जर्मनी, अमेरिका आदि अनेक देशों से पुस्तकें मंगाकर उनका अध्ययन किया था। जब लाला लाजपतराय को देश निकाले की सजा हुई, उस समय स्वामी सोमदेव लाहौर में ही थे और वहां का डिप्टी कमिश्नर किसी भी समाचार पत्र के लिए डिक्लेरेशन स्वीकार नहीं करता था। स्वामीजी एक समाचार पत्र निकालते थे। अतः उन्होंने अपने समाचार पत्र के सम्पादकीय के लिए डिक्लेरेशन का आवेदन पत्र दिया। वह स्वयं डिप्टी कमिश्नर से मिले। डिप्टी कमिश्नर स्वामीजी के व्यक्तित्व से प्रभावित हुए बिना न रह सका। उसने स्वामीजी का आवेदन पत्र स्वीकार कर लिया। समाचार पत्र में स्वामीजी ने 'अंग्रेजों को चेतावनी' नाम से एक लेख लिखा। लेख से अंग्रेजी सरकार को चेतावनी देते हुए कुछ इस प्रकार से लिखा था-"यदि अंग्रेज अब भी नहीं समझेंगे तो वह दिन दूर नहीं, जब 1857 के दृश्य फिर दिखाई देंगे और अंग्रेजों के बच्चों को कत्ल कर दिया जाएगा। उनकी स्त्रियों की बेइज्जती होगी....।" यह लेख काफी उत्तेजक था। इसकी सारी प्रतियां तत्काल हाथों हाथ बिक गईं। अतः इसी अंक का फिर दूसरा संस्करण निकालना पड़ा। इससे नौकरशाही में खलबली मच गई। यह समाचार डिप्टी कमिश्नर के पास पहुंचा। वह क्रोध से आग बबूला हो गया, किंतु वह कुछ भी कर पाने में असमर्थ था, क्योंकि लेख के अंत में लिखे शब्द उसके हाथ बांध देते थे। लेख के अंत में लिखा था-"किंतु यह सब स्वप्न है, यह सब स्वप्न है।" भला स्वप्न की बातों पर क्या कानूनी कार्यवाही हो सकती थी। उसने स्वामीजी को बुलाया, किंतु अपनी विवशता के कारण उनको कोई हानि नहीं पहुंचा सका।

स्वामी सोमदेव एक बार भ्रमण करते हुए बंबई पहुंचे वहां की जनता पर उनके भाषाणों का भारी प्रभाव हुआ। हिन्दू ही नहीं मुसलमान भी उनके भाषणों से अत्यधिक प्रभावित हुए। मौलाना अबुल कलाम आजाद के बड़े भाई तो उनके भक्त ही बन गए। मौलाना के पूर्वज अरब से आकर भारत में बसे थे। मौलाना के पिता का मुसलमान समाज में धर्मगुरु के जैसा सम्मान था। वह इस्लाम धर्म के प्रकाण्ड विद्वान थे। इस्लाम प्रवचनों से उन्हें हजारों रुपयों की

आय होती थी। उनके साथ ही उनके उक्त बड़े पुत्र भी यही काम करते थे, किन्तु स्वामी सोमदेव के प्रभाव में आकर उन्होंने अपना काम छोड़ दिया। वह तन, मन तथा धन से स्वामीजी के सेवक बन गए और हर समय उन्हीं के साथ रहने लगे। स्वामीजी से बिछुड़ने की कल्पना ही उनके लिए असह्य हो गई। स्वामीजी द्वारा बंबई छोड़ने की बात कहने पर ही वह रोने लगते। अपने धर्मगुरु का स्वामीजी का भक्त बन जाना कुछ मुसलमानों को सहन नहीं हुआ। उनके समझाने का मौलाना के ऊपर कोई प्रभाव न हुआ। अतः उन्होंने स्वामीजी की हत्या कर देने की योजना बनाई। मौलाना को इसका पता लगा गया। अतः न चाहते हुए भी उन्होंने स्वामीजी से बंबई छोड़ देने की प्रार्थना की। स्वामीजी ने बंबई छोड़ दिया। उनके उक्त शिष्य इस वियोग को सहन नहीं कर सके। दूसरे दिन सुबह स्वामीजी को तार मिला कि उनके परम प्रिय शिष्य मौलाना अबुल कलाम आजाद के बड़े भाई ने आत्महत्या कर ली थी। इस दुःखद समाचार से स्वामीजी को असीम वेदना हुई। स्वामीजी को जब भी इस घटना की याद आती, उनकी आंखों में आंसू आ जाते थे।

स्वामीजी अंग्रेजी भाषा के प्रकाण्ड विद्वान थे, धर्मशास्त्रों का उन्हें गहन गंभीर ज्ञान था और वह एक निर्भीक वक्ता थे। उनकी विद्वत्ता से प्रभावित होकर एक बार मद्रास कांग्रेस ने उन्हें अपना प्रतिनिधि बनाकर अखिल भारतीय सम्मेलन में भेजा था। एक बार स्वामीजी आर्यमित्र सभा के वार्षिकोत्सव में आगरा आए हुए थे। वहां उनके भाषणों से राजा महेन्द्र प्रताप अत्यन्त प्रभावित हुए और उनके शिष्य बन गए। राजा साहब ने उन्हें अपना अतिथि बनने की प्रार्थना की। उनको अपने घर में अतिथि रूप में पाकर राजा साहब अत्यंत प्रसन्न हुए। वह स्वामीजी को अपना गुरु मानने लगे।

सन् 1913 ई. में स्वामी सोमदेव पहली बार शाहजहांपुर आए थे, जहां पण्डित रामप्रसाद बिस्मिल का उनसे प्रथम बार परिचय हुआ। इससे पूर्व वह बरेली रहते थे। दो-तीन वर्ष लगातार उन्हें आर्य समाज के वार्षिकोत्सव में शाहंजहापुर बुलाया जाता रहा। वह गंभीर रूप से अस्वस्थ हो गए थे, जिसका कारण किसी यौगिक क्रिया में त्रुटि रह जाना था। उनके पेट की कोई आंत विकृत हो गई थी, जिसे ऑपरेशन करके अलग करना पड़ा था, किंतु रोग का उपचार न हो सका। उनका स्वास्थ्य गिरता गया। वह अत्यधिक दुर्बल हो गए थे, फिर भी उनकी आवाज में इतना दम था कि तीन-चार फार्लांग दूर बैठा आदमी भी उनका व्याख्यान आसानी से सुन सकता था। 1915 से वह स्थाई रूप से शाहजहांपुर के आर्य समाज मंदिर में ही रहने लगे। तब रामप्रसाद बिस्मिल को

उनके विचारों से परिचित होने का पर्याप्त अवसर मिला।

स्वामी सोमदेव पण्डित रामप्रसाद बिस्मिल को धर्म तथा राजनीति से संबंधित उपदेश देते रहते थे। बिस्मिल की अवस्था उस समय कम ही थी, अत: स्वामीजी उनके साथ स्पष्ट रूप में राजनीति से संबंधित चर्चाएं नहीं करते थे, किंतु उनके उपदेशों से वह अवश्य लाभान्वित हुए थे। स्वामीजी के लाला हरदयाल, लाला लाजपतराय, स्वामी श्रद्धानन्द, आचार्य रामदेव आदि देशभक्त महापुरुषों से मित्रतापूर्ण संबंध थे। उनका इन महापुरुषों से कई बार देश की वर्तमान दुर्दशा के विषय में विचार-विमर्श होता रहता था। स्वामीजी रामप्रसाद बिस्मिल को परामर्श देते रहते थे कि वह एण्ट्रेन्स करने के बाद यूरोप अवश्य घूमने जाएं और इटली जाकर मेजिनी की जन्मभूमि के दर्शन अवश्य करें। प्रसिद्ध क्रांतिकारी भाई परमानन्द को 1915 में लाहौर षड्यंत्र में फांसी की सजा सुनाई गई। इससे पण्डित रामप्रसाद बिस्मिल को भारी आघात पहुंचा और उसी समय उन्होंने इस अन्याय का बदला लेने की प्रतिज्ञा की। उन्होंने अपनी इस प्रतिज्ञा के विषय में स्वामीजी को बताया। इस पर स्वामीजी ने उनसे जो कुछ कहा उसका आशय इस प्रकार है कि प्रतिज्ञा करना तो सरल है, किंतु उसका दृढ़ता से पालन करना अत्यंत कठिन है। इस प्रकार स्वामीजी ने उनके देशप्रेम की परीक्षा लेनी चाही थी। तब बिस्मिल ने स्वामीजी के चरण छूकर इस प्रतिज्ञा पर दृढ़ रहने की शपथ ली। इसके बाद ही स्वामीजी ने उनसे राजनीति के विषय में स्पष्ट रूप से बातें करनी प्रारंभ की थीं। स्वामीजी से बिस्मिल किस सीमा तक प्रभावित थे, इसका उनकी आत्मकथा के निम्नलिखित अंशों को देखने से स्पष्ट रूप से परिचय मिलता है-

"माताजी के अतिरिक्त जो कुछ जीवन तथा शिक्षा मैंने प्राप्त की, वह पूज्यपाद श्री 108 स्वामीजी सोमदेवजी की कृपा का परिणाम है।... धार्मिक तथा आत्मिक जीवन में जो कुछ दृढ़ता मुझमें उत्पन्न हुई, वह स्वामीजी महाराज के उपदेशों का ही परिणाम है। आपकी दया से ही मैं ब्रह्मचर्य पालन में सफल हुआ। आपने मेरे भविष्य के संबंध में जो-जो बातें कही थीं, वे अक्षरश: सत्य हुईं। आप कहा करते थे कि दु:ख है कि यह शरीर नहीं रहेगा और तेरे जीवन में बड़ी विचित्र-विचित्र समस्याएं आएंगी, जिनको सुलझाने वाला कोई न मिलेगा। यदि यह शरीर नष्ट न हुआ, जो असंभव है, तो तेरा जीवन भी संसार में एक आदर्श जीवन होगा। मेरा दुर्भाग्य था कि जब आपके अंतिम दिन बहुत निकट आ गए, तब आपने मुझे योगाभ्यास संबंधी कुछ क्रियाएं बताने की इच्छा प्रकट की, किंतु आप इतने दुर्बल हो गए थे कि जरा-सा परिश्रम करने या

दस-बीस कदम चलने पर ही आपको बेहोशी आ जाती थी।"

स्वामीजी रामप्रसाद बिस्मिल को योग की शिक्षा देना चाहते थे, किंतु उनका शरीर इतना दुर्बल हो गया था कि वह ऐसा नहीं कर सके। उन्होंने अनेक पुस्तकों की रचना की थी। उन्हें योग-क्रिया में त्रुटि के कारण अपना स्वास्थ्य खोना पड़ा, जिसका उन्हें सदा दुःख था, किंतु उनसे प्राप्त ज्ञान के कारण ही रामप्रसाद बिस्मिल मातृभूमि की सेवा के मार्ग से कभी विचलित नहीं हुए। भारत भूमि के इस महान आध्यात्मिक संत क्रान्तिकारी स्वामी सोमदेव का देहावसान केवल 48 वर्ष की आयु में हो गया।

अस्त्र-शस्त्रों की इच्छा

पण्डित रामप्रसाद बिस्मिल जिन दिनों मिशन स्कूल में विद्यार्थी थे तथा कुमार सभा की बैठकों में भाग लेते थे, उन्हीं दिनों मिशन स्कूल के एक अन्य विद्यार्थी से उनका परिचय हुआ। यह विद्यार्थी भी कुमार सभा की बैठकों में आता था। रामप्रसाद बिस्मिल के भाषणों का उस पर भी प्रभाव पड़ा। दोनों का परिचय धीरे-धीरे गहरी मित्रता में बदल गया। वह भी रामप्रसाद बिस्मिल के पड़ोस में ही रहता था और पास के ही किसी गांव का रहने वाला था। वह जिस गांव का रहने वाला था, उस गांव में प्रत्येक घर में बिना लाइसेन्स के हथियार रहते थे। इसी प्रकार के बंदूक, तमंचे आदि गांव में ही बनते थे। सभी हथियार टोपीदार होते थे। इस मित्र के पास भी गांव में ही बना एक नाली का एक छोटा सा पिस्तौल था, जिसे वह अपने पास ही रखता था। उसने वह पिस्तौल, रामप्रसाद बिस्मिल को रखने के लिए दे दिया। रामप्रसाद बिस्मिल के मन में भी हथियार रखने की तीव्र इच्छा थी। उनके पिता पण्डित मुरलीधर की कई लोगों से शत्रुता थी, जिसके कारण उनके शत्रुओं ने उन पर कई बार लाठियों से प्रहार किया था। किशोर रामप्रसाद बिस्मिल इसका बदला लेना चाहते थे। इस पिस्तौल के मिल जाने पर उन्हें बड़ी प्रसन्नता हुई। उन्होंने उसे चलाकर देखा, किंतु वह किसी काम का न था। अतः उन्होंने उसे यों ही घर के किसी कोने में फेंक दिया।

इस मित्र से रामप्रसाद बिस्मिल का प्रेम अत्यंत बढ़ गया। दोनों साथ-साथ उठते-बैठते और खाना खाते। शाम को रामप्रसाद अपने घर से खाना लेकर उसी के पास पहुंच जाते। एक दिन उस मित्र के पिताजी गांव से उससे मिलने आए। उन्हें इन दोनों की इतनी गहरी मित्रता पसंद नहीं आई। उन्होंने रामप्रसाद को वहां न आने की चेतावनी दी और कहा कि यदि वह न माने तो उनको गांव से

गुण्डे बुलाकर बुरी तरह पिटवा दिया जाएगा। फलतः इसके बाद रामप्रसाद बिस्मिल ने उस मित्र के पास जाना छोड़ दिया, परंतु वह उनके घर बराबर आता रहा।

हथियार खरीदने की उनकी इच्छा दिन-प्रतिदिन बढ़ती गई। वह हथियार खरीदने के लिए निरंतर प्रयत्न करते रहे, किंतु कोई सफलता न मिली। इसी बीच उन्हें अपनी बहिन के विवाह पर ग्वालियर जाने का अवसर मिला। उन्होंने सुना था कि ग्वालियर राज्य में हथियार सरलता से मिल जाते हैं। इसके लिए उन्होंने अपनी मां से पैसे मांगे। मां ने उन्हें लगभग एक सौ पच्चीस रुपये दिए। रामप्रसाद बिस्मिल हथियारों की खोज में चल दिए। वह इस अवसर को हाथ से नहीं जाने देना चाहते थे। हथियारों की खोज में वह कई जगहों पर घूमे, परंतु जिस तरह के हथियार वह चाहते थे, ऐसे हथियार उन्हें कहीं नहीं मिले। टोपी वाले पिस्तौल तथा बंदूकें तो बहुत मिल जाती थीं, परंतु कारतूसी हथियार नहीं दिखाई देते थे। वस्तुतः उन्हें हथियारों की पहचान भी नहीं थी। अन्त में उनकी मुलाकात एक व्यक्ति से हुई, जिसने उन्हें असली रिवॉल्वर देने का वायदा किया। रामप्रसाद बिस्मिल उस व्यक्ति के साथ गए। उसने उन्हें पांच गोलियों वाला एक रिवॉल्वर दिया और उसकी कीमत पचहत्तर रुपये लगाई। रामप्रसाद बिस्मिल ने यह रिवॉल्वर खरीद लिया। इससे वह बड़े प्रसन्न थे। यह रिवॉल्वर भी टोपी से चलता था। इसमें बारूद भरी जाती थी। उस व्यक्ति ने रिवॉल्वर के साथ थोड़ी सी बारूद और कुछ टोपियां भी दी थीं।

रिवॉल्वर लेकर रामप्रसाद बिस्मिल शाहजहांपुर आए। रिवॉल्वर कितने काम का है, यह देखने के लिए उन्होंने उसका परीक्षण करना चाहा। बारूद उत्तम श्रेणी की नहीं थी। पहली बार उसमें बारूद भरकर उन्होंने फायर किया, किंतु गोली केवल पन्द्रह-बीस गज की दूरी पर ही गिरी। उन्हें इससे बड़ी ही निराशा हुई। स्पष्ट था कि वह ठग लिए गए थे। ग्वालियर से लौटने पर माताजी ने पूछा, "क्या लाये हो?" तो रामप्रसाद बिस्मिल को अपनी असफलता से सब बात बताने का साहस न हुआ, अतः उन्होंने बात टाल दी और शेष पैसे मां को लौटा दिए।

तृतीय अध्याय
देशप्रेम की ओर

विदेशी राज्य के विरुद्ध प्रतिज्ञा

लाहौर षड्यंत्र के मामले में सन् 1915 में प्रसिद्ध क्रान्तिकारी भाई परमानन्द को फांसी सुना दी गई। रामप्रसाद बिस्मिल भाई परमानन्द के विचारों से प्रभावित थे और उनके हृदय में इस महान देशभक्त के लिए अपार श्रद्धा थी। इस फैसले का समाचार पढ़कर बिस्मिल का देशानुराग जाग पड़ा। उन्होंने उसी समय अंग्रेजों के अत्याचारों को मिटाने तथा मातृभूमि की स्वतंत्रता के लिए सतत प्रयत्न करने की प्रतिज्ञा ली। इस समय की अपनी मनःस्थिति का वर्णन करते हुए उन्होंने लिखा है-

"सन् 1915 ई. में लाहौर षड्यंत्र का मामला चला। मैं समाचार पत्रों में उसका सब वृतांत बड़े चाव से पढ़ा करता था। श्रीयुत भाई परमानन्दजी में मेरी बड़ी श्रद्धा थी, क्योंकि उनकी लिखी हुई 'तवारीख हिन्द' पढ़कर मेरे हृदय पर बड़ा प्रभाव पड़ा था। लाहौर षड्यंत्र का फैसला अखबारों में छपा। भाई परमानन्द को फांसी की सजा पढ़कर मेरे शरीर में आग लग गई। मैंने विचारा कि अंग्रेज बड़े अत्याचारी हैं, इनके राज्य में न्याय नहीं है, जो इतने बड़े महानुभाव को फांसी की सजा का हुक्म दे दिया। मैंने प्रतिज्ञा की कि इसका बदला अवश्य लूंगा। जीवन भर अंग्रेजी राज्य का विध्वंस करने का प्रयत्न करता रहूंगा। इस प्रकार की प्रतिज्ञा कर चुकने के पश्चात् मैं स्वामी (सोमदेव) के पास आया। सब समाचार सुनाए और अखबार दिया। अखबार पढ़कर स्वामीजी बड़े दुःखित हुए। तब मैंने अपनी प्रतिज्ञा के संबंध में कहा। स्वामीजी कहने लगे कि प्रतिज्ञा करना सरल है, किंतु उस पर दृढ़ रहना कठिन है। मैंने स्वामीजी को प्रणाम कर उत्तर दिया कि यदि श्रीचरणों की कृपा बनी रहेगी, तो प्रतिज्ञापूर्ति में किसी प्रकार की त्रुटि न करूंगा।"

यद्यपि भाई पारमानन्द की फांसी की सजा को बाद में महामना मदनमोहन मालवीय तथा देशबंधु एण्ड्रयूज के प्रयत्नों से आजन्म कारावास में बदल दिया

गया। किंतु रामप्रसाद बिस्मिल जीवन पर्यन्त अपनी प्रतिज्ञा पर अटल रहे। इस प्रतिज्ञा के बाद उनका एक नया जीवन प्रारंभ हुआ। पहले वह एक सामान्य मध्यवर्गीय परिवार के पुत्र थे, इसके बाद वह आर्य समाज से प्रभावित हुए और एक सच्चे सात्विक आर्य समाजी बने तथा इस प्रतिज्ञा के बाद उनका जीवन मातृभूमि के लिए समर्पित हो गया। यह उनके हृदय में देश-प्रेम के बीज का प्रथम अंकुरण था।

लोकमान्य तिलक से साक्षात्कार

रामप्रसाद बिस्मिल जब मिशन स्कूल की आठवीं कक्षा में पढ़ते थे, उसी समय उनके पूज्य गुरुदेव स्वामी सोमदेव का निधन हो गया। इससे उन्हें गहरा मानसिक आघात लगा। आठवीं उत्तीर्ण होकर नवीं कक्षा में आने पर उन्होंने भारत की तत्कालीन दशा के विषय में कुछ पुस्तकें पढ़ीं। शाहजहांपुर की सेवा समिति में वह उत्साह के साथ सामाजिक कार्यों में भाग लेते थे। इससे सामाजिक कार्यों में उनकी रुचि बढ़ी। उन्हें अपने देशवासियों के दु:खों के विषय में पढ़कर असीम वेदना हुई। भाई परमानन्द को 31 दिसंबर 1915 को फांसी की सजा सुना दिए जाने पर वह इस घटना के एक दो दिन बाद ही देश सेवा का व्रत ले चुके थे।

बिस्मिल ने जिस वर्ष नवीं कक्षा में प्रवेश लिया, उसी वर्ष कांग्रेस का अधिवेशन लखनऊ में होने वाला था। उनकी इस अधिवेशन में जाने की तीव्र इच्छा थी। यद्यपि उनके पिता एवं दादी उन्हें इसमें भेजने के पक्ष में नहीं थे, परंतु उनकी मां उनका मन नहीं मारना चाहती थी, अत: उन्होंने इसके लिए खर्चा दे दिया। बिस्मिल लखनऊ पहुंच गए। वहां उन्हें कांग्रेस की आतंरिक राजनीति को देखकर बहुत दु:ख हुआ। पहले दिन अधिवेशन के सभापति के आने पर उनका बड़े उत्साह से जुलूस निकालकर स्वागत हुआ। दूसरे दिन लोकमान्य बालगंगाधर तिलक आने वाले थे। 1907 के सूरत कांग्रेस अधिवेशन के आंतरिक संघर्षों के बाद गरम दल कांग्रेस से अलग हो गया था। पूरे नौ वर्षों बाद पुन: समझौता हो जाने पर 1916 के लखनऊ अधिवेशन में तिलक पुन: भाग ले रहे थे। कांग्रेसियों ने निश्चय किया कि उनका स्वागत केवल स्टेशन पर ही किया जाए; जुलूस न निकाला जाए, क्योंकि उन्हें भय था कि इससे तिलक की लोकप्रियता बढ़ जाएगी। अत: तय किया गया कि स्टेशन से उन्हें कार में बैठाकर शहर के बाहर से अधिवेशन स्थल पर लाया जाए। अधिवेशन में नरमदल वालों का ही बोलबाला था, जिसमें स्वागत समिति के अध्यक्ष

पण्डित जगत नारायण थे। लोकमान्य तिलक गरम दल के नेता थे। उनके लिए युवकों के हृदय में अपार सम्मान था। युवक नरम दलीय कांग्रेसियों की चालों को समझ गए। अतः उन्होंने स्वयं लोकमान्य तिलक का सम्मान करना निश्चित किया। सर्वप्रथम लखनऊ कॉलेज के एम.ए. के एक छात्र ने तिलक का जोरदार स्वागत करने का विचार रखा। पण्डित रामप्रसाद बिस्मिल ने भी उसका समर्थन किया। इसके लिए युवकों ने पूरी तैयारी कर ली।

दूसरे दिन लोकमान्य तिलक ट्रेन से उतरे। कांग्रेस अधिवेशन की स्वागत समिति ने उनके चारों ओर घेरा डालकर उन्हें कार में बैठा लिया। कार चल पड़ती, इससे पहले ही उक्त एम.ए. का विद्यार्थी तथा रामप्रसाद बिस्मिल उसके आगे लेट गए। इस घटना का अनेक पुस्तकों में रोचक वर्णन किया गया है- कांग्रेसियों ने लाख समझाया, किंतु कार के आगे लेटे हुए युवक कुछ भी मानने को तैयार न थे। भावावेश में वे कुछ भी नहीं बोल पाते थे वे रो रहे थे और कहते थे, "कार को हमारे ऊपर से निकालकर ले जाओ।"

नवयुवकों ने कांग्रेस अधिवेशन के स्वागत समिति के सदस्यों से लोकमान्य तिलक की सवारी निकालने के लिए कार मांगी, किंतु उन्होंने युवकों की इस मांग को अस्वीकार कर दिया। लोकमान्य तिलक ने भी युवकों को ऐसा न करने के लिए समझाने का प्रयत्न किया, परंतु युवक कुछ भी सुनने के लिए तैयार न हुए। एक युवक ने तिलक को ले जाने के लिए लाई गई कार का टायर पंचर कर दिया। किराए की बग्घी लेकर युवकों ने उसके घोड़े खोल दिए और उसके नीचे अपने सिर रख दिए, जिन पर पैर रखवाकर लोकमान्य तिलक को उसमें बैठाया गया। गाड़ी को युवकों ने स्वयं खींचा। हर्ष एवं उत्साह के साथ बड़े धूम-धाम से उनकी सवारी निकाली गई। कदाचित इससे पहले ऐसी सवारी किसी कांग्रेसी की नहीं निकाली गई थी। लोग उस गाड़ी को छू लेने पर अपने को धन्य समझ रहे थे। उस पर चारों ओर से फूलों की वर्षा हो रही थी। नीचे गिरने वाले फूलों को लोग बड़ी श्रद्धा से उठाकर संभाल लेते थे। लोग लोकमान्य के चरणों की धूल लेने के लिए बड़े आतुर दिखाई देते थे। इसका वर्णन करते हुए रामप्रसाद बिस्मिल ने लिखा है-

"किराये की गाड़ी के घोड़े खोलकर लोकमान्य के पैरों पर सिर रखकर उन्हें उसमें बिठाया। और सबने मिलकर हाथों से गाड़ी खींचनी शुरू की। इस प्रकार लोकमान्य का इस धूमधाम से स्वागत हुआ कि किसी नेता की इतने जोरों से सवारी न निकाली गई। लोगों के उत्साह का हाल यह था कि कहते थे कि एक बार गाड़ी में हाथ लगा लेने दो, जीवन सफल हो जाएगा।

लोकमान्य पर फूलों की जो वर्षा की जाती, उसमें से जो फूल नीचे गिर जाते थे, उन्हें उठाकर लोग पल्ले में बांध लेते थे। जिस स्थान पर लोकमान्य के पैर पड़ते, वहां की धूल सबके माथों पर दिखाई देती। कुछ उस धूल को भी अपने रूमाल में बांध लेते। इस स्वागत से माडरेटों की बड़ी मदद हुई।"

कांग्रेस के इस अधिवेशन में प्रथम विश्वयुद्ध में अंग्रेजों को सहायता देने का प्रश्न भी उठा। नरम दल वाले सहायता देने के पक्ष में थे। गांधीजी का कहना था कि संकट के समय हमें शत्रु (अंग्रेजों) की भी पूरी सहायता करनी चाहिए, किंतु लोकमान्य का स्पष्ट मत था कि यदि अंग्रेज भारतीयों को अधिकार देने का स्पष्ट वचन दें, तो तभी उन्हें सहायता मिलनी चाहिए। उनका यह भी कहना था कि अंग्रेजों का सहायता मांगने के लिए यह तर्क है कि वे नाजीवाद के विरुद्ध प्रजातंत्र की रक्षा हेतु लड़ रहे हैं। यदि अंग्रेज वास्तव में प्रजातंत्र के सच्चे समर्थक हैं, तो उन्हें भारत को स्वतंत्रता देकर यहां प्रजातंत्र की स्थापना करनी चाहिए। इस विषय पर तिलक का गांधीजी से तीव्र मतभेद हो गया था।

अधिवेशन में नरम दल वालों का बहुमत था, अतः उन्हीं की बात मानी गई। किंतु इससे भारतीयों को क्या प्राप्त हुआ। महायुद्ध की समाप्ति पर भारतीय वीरों के बलिदान के बदले में देश को आजादी के बदले रौलेट एक्ट तथा इसका विरोध करने पर 13 अप्रैल 1919 को पंजाब का जलियांवाला बाग हत्याकाण्ड तथा वहां का सैनिक शासन पुरस्कार में मिला। तब देश के लोगों को लोकमान्य तिलक की दूरदर्शिता का ज्ञान हुआ।

निश्चय ही इस अधिवेशन में लोकमान्य तिलक की भूमिका से देश का युवा वर्ग प्रभावित हुआ था। किसी राष्ट्रीय स्तर के नेता के संपर्क में आने का बिस्मिल का यह प्रथम अवसर था। यद्यपि इससे पूर्व वह शाहजहांपुर की सेवा समिति में कार्य कर चुके थे, किंतु सेवा समिति एक सामाजिक कार्य करने वाला संगठन था। लखनऊ में प्रथम बार उन्होंने राजनीतिक संगठनों की आंतरिक राजनीति को देखा। यहां उनका अनेक लोगों से संपर्क हुआ, जिससे उनमें एक नवीन उत्साह का सञ्चार हुआ, एक नई दिशा के दर्शन हुए। वस्तुतः इस अधिवेशन के बाद ही उनका राजनीतिक जीवन प्रारंभ हुआ। यहीं से उनके चरण सक्रिय राजनीति; क्रांतिकारी कार्यों की ओर बढ़े। जहां उन्होंने अपना एक विशिष्ट स्थान तथा एक विशेष पहचान बनाई।

क्रांतिकारियों से संपर्क

लखनऊ कांग्रेस अधिवेशन में भाग लेने के लिए जाने पर रामप्रसाद बिस्मिल कुछ क्रांतिकारी विचारों वाले युवकों के संपर्क में आए। इन युवकों का मत था कि देश की तत्कालीन दुर्दशा के एकमात्र कारण अंग्रेज ही थे। रामप्रसाद भी इन विचारों से प्रभावित हुए। अतः देश की स्वतंत्रता के लिए उनके मन में कुछ विशेष काम करने का विचार आया। यही उन्हें यह भी ज्ञात हुआ कि क्रांतिकारियों की एक गुप्त समिति भी है। इस समिति के मुख्य उद्देश्य क्रांतिकारी मार्ग से देश की स्वतंत्रता प्राप्त करना था। वह सब ज्ञात होने पर बिस्मिल के मन में भी इस समिति का सदस्य बनने की तीव्र इच्छा हुई। वह समिति के कार्यों में सहयोग देने लगे। अपने मित्र के माध्यम से इसके सदस्य बन गए और थोड़े ही समय में वह समिति की कार्यकारिणी के सदस्य बना लिए गए।

इस समिति का क्या नाम था? इस विषय में पण्डित रामप्रसाद बिस्मिल की आत्मकथा में कुछ भी उल्लेख नहीं हुआ है। इस समिति के सदस्य बनने पर ही वह पण्डित गेंदालाल दीक्षित के संपर्क में आए थे और बाद में मैनपुरी षड्यंत्र में वह भी एक अभियुक्त घोषित किए गए थे। इन सब तथ्यों से स्पष्ट होता है कि यह समिति पंडित गेंदालाल दीक्षित के नेतृत्व में काम करने वाली नौजवानों की टोली 'मातृवेदी' ही थी। इस टोली के विषय में श्री मन्मथनाथ गुप्त ने लिखा है-

"इधर कुछ नौजवान भी गेंदालाल के नेतृत्व में काम कर रहे थे। इस टोली का नाम 'मातृवेदी' था। ये लोग भले घर के लड़के थे तथा इनका दल में भर्ती होने का उद्देश्य केवल एक ही था-देशभक्ति। इन लोगों ने भी डाके डाले, किंतु ग्वालियर विद्रोह की तरह ये डाकू नहीं थे।"

इस समिति के सदस्य बनने के बाद बिस्मिल फिर अपने घर शाहजहांपुर आ गए। समिति के पास आय का कोई स्रोत न होने से धन की बहुत कमी थी। अतः इसके लिए कुछ धन संग्रह करने के लिए उनके मन में एक पुस्तक प्रकाशित करने का विचार आया। पुस्तक प्रकाशित करने के लिए भी रुपयों की आवश्यकता थी। अतः उन्होंने एक चाल चली; अपनी मां से कहा कि वह कुछ काम करना चाहते हैं, इससे अवश्य लाभ होगा, अतः इसके लिए पहले कुछ रुपयों की आवश्यकता है। मां ने उन्हें दो सौ रुपये दिए। उन्होंने 'अमेरिका को स्वतंत्रता कैसे मिली' नाम की एक पुस्तक पहले ही लिख ली थी। पुस्तक

को प्रकाशित करने का प्रबंध किया गया। इसके लिए फिर दो सौ रुपयों की आवश्यकता पड़ी। इस बार भी मां से दो सौ रुपये और लिए। पुस्तक प्रकाशित हुई। इसकी कुछ प्रतियां बिक गई, जिनसे लगभग छः सौ रुपयों की आय हुई। पहले मां से लिए हुए चार सौ रुपये लौटा दिए गए। फिर 'मातृवेदी' समिति की ओर से एक पर्चा प्रकाशित किया गया, जिसका शीर्षक था-"देशवासियों के नाम संदेश।' समिति के सभी सदस्य और भी अधिक उत्साह से काम करने लगे। यह पर्चा संयुक्त प्रांत के अनेक जिलों में चिपकाया और वितरित किया गया। शीघ्र ही सरकार चौकन्नी हो गई, अतः संयुक्त प्रांत की सरकार ने इस पर्चे तथा पूर्व लिखित पुस्तक, दोनों को जब्त कर लिया।

आयुध संग्रह

इसके बाद समिति के लिए आयुधों (हथियारों) के संग्रह के लिए बड़ी तेजी से प्रयत्न होने लगे। अंग्रेजों के शासन में देशी राज्यों में हथियारों पर कोई लाइसेंस नहीं लेना पड़ता था। वहां हथियार बड़ी सरलता से मिल जाते थे, किंतु ब्रिटिश भारत में यह बात नहीं थी। ब्रिटिश भारत में लाइसेन्स अनिवार्य था। देशी राज्यों में भी लाइसेन्स की तो आवश्यकता नहीं पड़ती थी, परंतु उत्तम श्रेणी के कारतूस वाले हथियारों के लिए कारतूस खरीदने पर ब्रिटिश रेजीडेण्ट से आज्ञा अवश्य लेनी पड़ती थी। उसकी आज्ञा के बिना शस्त्रों से संबद्ध कोई वस्तु राज्य में नहीं आ सकती थी, अतः राज्यों के अंदर ही देशी बंदूकें आदि बनाई जाती थीं, जो बारूद भरकर टोपी की सहायता से चलती थीं। ये ही शस्त्र वहां घर-घर में रहते थे। इस बात का ज्ञान बिस्मिल को उसी समय हो गया था, जब वह अपनी बहिन के विवाह के अवसर पर ग्वालियर गए थे। इस बार वह समिति की ओर से दो सौ रुपये लेकर पुनः हथियार खरीदने गए। उन्होंने इसके लिए अपने पुराने अनुभव से काम लिया। उन्हें एक कबाड़ी जैसी दुकान पर कुछ तलवारें, कटार, टोपी से चलने वाली बंदूकें आदि दिखाई पड़ीं। उन्होंने दुकानदार से इस विषय में बातचीत की। दुकानदार ने उन्हें बताया की उसके यहां इस प्रकार की चीजें मिल सकती थीं। बिस्मिल ने कुछ हथियारों को देखा-परखा तथा फिर उससे पूछा कि कारतूस वाले हथियार कैसे उपलब्ध हो सकते हैं? दुकानदार ने इस विषय में उन्हें काफी बातें बताई और उन्हें आश्वासन दिया कि जब वह दुबारा आएंगे तो वह उनके लिए ऐसे हथियारों का प्रबंध करने की कोशिश करेगा। उस दुकान से तब बिस्मिल ने टोपी से चलने वाले दो छोटे-छोटे पिस्तौल तथा एक कटार खरीदी। इसके बाद वह लौट आए।

इतने हथियारों का होना या न होना समिति के लिए बराबर था। अतः पुनः किसी प्रकार कुछ रुपयों का प्रबंध किया गया। उस दुकानदार से कुछ परिचय हो गया था, अतः वह फिर उसी के पास पहुंचे, क्योंकि ऐसे मामलों में अधिक लोगों से परिचय बढ़ाना भी उचित नहीं था। इस बार उस दुकानदार ने एक कारतूस वाले रिवॉल्वर का प्रबंध किया था। रिवॉल्वर पुराना होने पर भी सुंदर और उत्तम था, जो बिस्मिल को पसंद आ गया। पुराना होने पर भी इसका नए के बराबर मूल्य देना पड़ा। इसके साथ दुकानदार से कुछ पुराने कारतूस भी मिले। ऐसे दुकानदार ग्राहक को पहचान जाते हैं कि इसे वास्तव में आवश्यकता है। अतः अब उस दुकानदार को विश्वास हो गया था कि बिस्मिल उसके स्थायी ग्राहक बन गए हैं वह उनके लिए पूरी शक्ति से हथियारों का प्रबंध करने में लग गया। उसने दो-तीन राइफलों का भी प्रबंध कर लिया, जिसे बिस्मिल ने खरीद लिया। दुकानदार को भी प्रत्येक वस्तु पर बीस-तीस रुपयों का लाभ हो जाता था। किसी-किसी वस्तु पर वह दुगुना लाभ भी प्राप्त कर लेता था।

दुकानदार यह भी समझ गया था कि ग्राहक को वास्तव में हथियारों की कोई पहचान नहीं है। अतः उसने उनकी इस कमजोरी का भी लाभ उठाना प्रारंभ कर दिया। ग्राहक की तीव्र इच्छा को देखकर वह इधर-उधर से पुराने हथियारों को एकत्र करता। फिर उनकी मरम्मत पॉलिश आदि करके उन्हें नए जैसा बना देता तथा नया बताकर बिस्मिल से उनका मनमाना मूल्य लेता। इस प्रकार वह उन्हें कई दिनों तक ठगता रहा। पहले तो बिस्मिल और उनके साथियों को हथियारों के विषय में कोई ज्ञान नहीं था, किंतु धीरे-धीरे अभ्यास और हथियारों के संपर्क में रहने से उन्हें उनकी पहचान होने लगी। इसलिए उन्होंने हथियारों को प्राप्त करने के लिए किसी दूसरे माध्यम की खोज करना आरंभ किया। तभी उनका परिचय एक व्यक्ति से हुआ। वह व्यक्ति स्वयं तो यह काम नहीं करता था और न हथियारों के विषय में कोई जानकारी ही रखता था, किंतु वचन दिया कि वह उन्हें कुछ धनवान लोगों से मिला देगा, जो इस विषय में उनकी सहायता कर सकते थे। कुछ दिन बाद उस व्यक्ति ने बिस्मिल तथा उनके साथियों की एक व्यक्ति से मुलाकात कराई, जो एक बहुत बड़ा रईस था। उस व्यक्ति के पास एक रिवॉल्वर था, जिसे वह बेचना चाहता था। बिस्मिल ने रिवॉल्वर देखा, वह उन्हें पसंद आ गया और उन्होंने उसे खरीदना चाहा तथा उसका मूल्य पूछा। उस रईस ने उसका मूल्य डेढ़ सौ रुपये मांगा। रिवॉल्वर नया ही था। ग्राहक उसे छोड़ना नहीं चाहते थे। वह सौदा तय करने लगे, किंतु रिवॉल्वर का मालिक उसका मूल्य कम करने के लिए किसी प्रकार तैयार न

हुआ। अंत में इतने ही मूल्य पर वह रिवॉल्वर के साथ एक सौ कारतूस भी देने पर सहमत हो गया। डेढ़ सौ रुपये में सौ कारतूसों सहित रिवॉल्वर खरीदा। पांच रुपये मध्यस्थ व्यक्ति को दिए। कुल एक सौ पचपन रुपयों में रिवॉल्वर मिला।

नए रिवॉल्वर को देखकर समिति के सदस्य बड़े प्रसन्न हुए। उन्होंने समझा रिवाल्वर सस्ता मिल गया। इसका मूल्य इससे कहीं अधिक होगा। कुछ दिनों बाद बंबई, कलकत्ता आदि से हथियार बेचने वालों की मूल्य-सूचियां मंगाकर देखीं, तो देखते रह गए। उन्हें मालूम पड़ा कि अब तक उन्होंने जितने भी हथियार खरीदे थे, उनके सभी विक्रेताओं ने समिति के सदस्यों को लूटा था। यह रिवॉल्वर जिसे उन्होंने एक सौ पचपन रुपयों में खरीदा था और वे समझ रहे थे कि यह उन्हें सस्ता मिल गया है, मूल्य सूची देखने पर मालूम हुआ कि उसका मूल्य केवल तीस रुपये था। एक सौ कारतूसों का मूल्य केवल दस रुपये। इस प्रकार कुल चालीस रुपयों के सामान का मूल्य उन्हें एक सौ पचपन रुपये देना पड़ा था। अपनी इस अज्ञानता तथा लूटे जाने पर उन्हें खेद अवश्य हुआ, परंतु क्या करते, हथियार खरीदना नितांत आवश्यक था। इसके लिए अन्य कोई रास्ता भी नहीं था। इससे उन्हें एक सीख भी मिली कि ऐसे मामलों में किसी पर विश्वास नहीं करना चाहिए।

इसके बाद बिस्मिल अपने तीन-चार अन्य सदस्यों को साथ लेकर हथियार खरीदने गए और साथ में हथियारों की मूल्य सूचियां भी ले गए। सभी साथी सूची लेकर अलग-अलग उचित दुकानों को खोजने लगे। अब तक उस रियासत की गुप्तचर पुलिस भी सावधान हो गई थी; इस बार उसे इन युवकों के पहुंचने की सूचना भी किसी प्रकार मिल गई थी। एक गुप्तचर रामप्रसाद बिस्मिल के पीछे लग गया। उसने उनसे जान-पहचान बढ़ाई और बातों-ही-बातों में उन्हें अपने विश्वास में ले लिया। उसने उन्हें हथियार दिलाने का आश्वासन दिया तथा उन्हें अपने साथ लेकर एक जगह पहुंचा। वहां दरवाजे पर ही एक पुलिस का सिपाही बैठा था। गुप्तचर पुलिस वाले से आंख बचाकर बिस्मिल ने उस पुलिस वाले से यह जानना चाहा कि वह घर किसका था। तब उन्हें मालूम हुआ कि वह आदमी, जिसके साथ वह वहां तक आए थे और कोई नहीं गुप्तचर पुलिस का सिपाही था तथा वह उन्हें पुलिस इंस्पेक्टर के घर ले आया था। संयोग से उस समय पुलिस इंस्पेक्टर घर पर नहीं था। इस पर उस समय बिस्मिल ने बड़े धीरज से काम लिया और उस व्यक्ति को इस बात का बिल्कुल आभास भी नहीं होने दिया कि वह वास्तविकता जान गए हैं। किसी प्रकार उसे बातों में उलझाकर इधर-उधर होते हुए उसके चंगुल से निकल गए तथा उन्होंने जहां वे

ठहरे थे उस स्थान को तुरंत बदल दिया। उस समय इन युवकों के पास उस स्थान पर दो राइफलें, चार रिवॉल्वर और दो पिस्तौल थे, जो उन्होंने इसी बार खरीदे थे। गुप्तचर पुलिस वाले फिर भी पीछे–पीछे लगे हुए थे। ब्रिस्मिल तथा उनके साथी एक व्यक्ति के पास अपने हथियारों की मरम्मत आदि कराते थे। इस समय भी उसे कुछ काम दिया हुआ था, जिसके लिए उनके किसी साथी को उसके पास जाना था। गुप्तचर पुलिस को इसकी भी सूचना मिल गई थी, किंतु उस कारीगर ने इसकी सूचना इन युवकों को दे दी। युवक तुरंत वहां से वापस चल पड़े। पुलिस ने सभी स्टेशनों पर इसकी सूचना भेज दी। वहां से बाहर जाने वाली रेलगाड़ियों की सभी स्टेशनों पर जांच की गई, किंतु पुलिस ने विशेष सावधानी से काम नहीं लिया, अतः ये युवक वहां से सुरक्षित अप्ने स्थान पर आ गए।

इन हथियारों को खरीदने में कभी–कभी बिस्मिल को बड़ी पेचीदगियों का सामना करना पड़ता था, परंतु उन्हें अपने लक्ष्य पर पहुंचने के लिए हथियारों का संग्रह करना अत्यंत आवश्यक था। अतः वह इसके लिए किसी भी कठिनाई का सामना करने के लिए तैयार रहते थे। एक बार उन्हें बताया गया कि एक व्यक्ति के पास एक राइफल थी, जिसे वह बेचना चाहता था। वह व्यक्ति एक भूतपूर्व पुलिस अधीक्षक था। वह बूढ़ा हो चला था और उसका कोई पुत्र भी नहीं था, अतः अब राइफल उसके किसी काम की नहीं रह गई थी। बिस्मिल अपने कुछ साथियों को लेकर उसके पास पहुंचे और स्वयं को देशी रियासत का रहने वाला बताया। ये सभी लोग अभी युवक ही थे। इसलिए उस व्यक्ति ने इनसे अनेक प्रश्न पूछे। वह विश्वास कर लेना चाहता था कि कहीं राइफल गलत व्यक्ति के हाथों में न चली जाए। युवकों की बातों पर उसे पूर्ण रूप से विश्वास न आया। पुलिस अधिकारी रह चुका था, अतः उसने इन युवकों से अपने यहां के थानेदार से इस आशय का प्रमाणपत्र ले आने को कहा कि वह (थानेदार) इन्हें जानता है। बिस्मिल ने अपने–आप को जहां का रहने वाला बताया था, वह वहां पहुंचे। वहां जाकर उन्होंने वहां के थानेदार तथा दो–तीन जमींदारों के नाम पते मालूम किए। फिर स्वयं एक प्रमाणपत्र बनाया और उसमें जमींदारों के हिन्दी में तथा थानेदार के अंग्रेजी में हस्ताक्षर किए। इसके बाद वह पुनः उस व्यक्ति के पास गए। उसे प्रमाणपत्र दिया। उसने प्रमाणपत्र को ध्यान से देखा। संभवतः उसे फिर भी विश्वास न आया। इसलिए उसने युवकों से थाने चलने के लिए कहा, ताकि वहां से पता लगाया जा सके कि प्रमाणपत्र सही है और उसमें किए गए थानेदार के हस्ताक्षर सत्य हैं, साथ ही उसने युवकों

से भी राइफल खरीदने की सूचना थाने में देने के लिए कहा। युवकों ने उसकी यह सलाह नहीं मानी और उससे कहा कि वह इसके लिए पहले ही काफी कुछ परेशानी उठा चुके थे, अतः अब वे थाने नहीं जाएंगे। यदि उसे (राइफल वाले को) राइफल नहीं बेचनी है, तो वे लौट जाएंगे। युवक उसका मुंहमांगा मूल्य दे रहे थे, अतः वह मान गया। युवकों के पास मूल्य सूची थी, जिसके अनुसार उस राइफल का मूल्य एक सौ अस्सी रुपये था। इसके साथ वह दो सौ कारतूस तथा कारतूस भरने का कुछ सामान भी दे रहा था, जिसका मूल्य लगभग पचास रुपये था। वह इस सबका राइफल सहित दो सौ पचास रुपये मूल्य मांग रहा था, अतः पुरानी राइफल को नई के मूल्य पर बेच रहा था। युवकों के लिए भी नई राइफल का मिलना आसान नहीं था। इसलिए युवकों ने दो सौ पचास रुपये देकर राइफल खरीद ली।

इसके बाद बिस्मिल ने उस रियासत के एक बहुत बड़े अधिकारी के नौकर से मित्रता कर ली और उसे अपने मालिक के यहां से हथियारों की चोरी करने के लिए प्रेरित किया तथा उसे मुंहमांगा मूल्य देने का लालच दिया। वह नौकर मान गया। पहले उसने अपने मालिक के घर से एक रिवॉल्वर चुराया। मूल्य सूची के अनुसार उसका मूल्य पचहत्तर रुपये था, किंतु इसे एक सौ रुपये में खरीद लिया गया। इससे उस नौकर का साहस बढ़ गया और फिर उसने अपने मालिक का एक माउजर पिस्तौल चुराया। माउजर पिस्तौल का मिलना अत्यंत ही कठिन था, अतः इसका वास्तविक मूल्य दो सौ रुपये होने पर भी इसे तीन सौ रुपयों में खरीदा गया। इसके लिए कारतूसों की समस्या थी, अतः इनका भी प्रबंध किया गया। माउजर पिस्तौल को चलाना बिस्मिल और उनके साथियों में कोई नहीं जानता था। चलाने की तो बात दूर, उन्होंने इससे पहले माउजर पिस्तौल देखा भी नहीं था। अतः बड़े कठिन अभ्यास के बाद वे लोग इसे चलाना सीख पाए।

इसके बाद इन युवकों ने तीन राइफलें, एक बारह बोर की दो नालवाली कारतूसी बंदूक, दो टोपी से चलने वाली बंदूकें, पांच कारतूस वाले रिवॉल्वर, तीन टोपीदार रिवॉल्वर कुछ तलवारें तथा कारतूस आदि खरीदे, जिन पर लगभग चार हजार रुपये व्यय हुए। इस प्रकार कुछ ही समय में प्रयत्न करने पर इन युवकों ने कुछ हथियार जमा कर लिए।

मैनपुरी षड्यंत्र

1917 के इस षड्यंत्र के केन्द्रबिंदु पण्डित गेंदालाल दीक्षित का जन्म 20 नवम्बर 1888 को आगरा जिले के बटेसर नामक गांव में हुआ था। वह एण्ट्रेन्स परीक्षा उत्तीर्ण करने के बाद औरैया के ही डी.ए.वी. स्कूल में अध्यापक बने। वह आर्यसमाजी विचारधारा के व्यक्ति थे। देश की तत्कालीन दुर्दशा को देखकर उनके हृदय में देशप्रेम की भावना जाग्रत हुई, अत: उन्होंने इस दुर्दशा को दूर करने का निश्चय किया। अपने इस निश्चय को पूर्ण करने के लिए उन्होंने शिवाजी समिति का गठन किया। इसके द्वारा उन्होंने छत्रपति शिवाजी की छापामार युद्ध शैली द्वारा देश को स्वतंत्र कराना चाहा। उस समय देश का शिक्षित वर्ग देशप्रेम की भावना से सर्वथा शून्य जैसा था; जो दासता के जीवन को ही सबकुछ समझ बैठा था। पण्डित गेंदालाल दीक्षित ने इस वर्ग को अपने संगठन में सम्मिलित करने का प्रयास किया, किंतु उन्हें सफलता नहीं मिली। अत: अपने उद्देश्य की पूर्ति के लिए उन्होंने डाकुओं से संपर्क किया। वह समझते थे कि डाकुओं में साहस होता है, वे किसी-न-किसी विवशता के कारण ही असामाजिक जीवन अपना लेते हैं। यदि उनका सही मार्गदर्शन किया जाए, तो वे अच्छे मनुष्य सिद्ध हो सकते हैं। यही विचार कर पण्डित गेंदालाल दीक्षित ने डाकुओं को अपने दल में मिला लिया। यद्यपि पण्डितजी का उद्देश्य महान था, किंतु उन्हें इससे वाञ्छित सफलता न मिली। पण्डितजी इनकी सहायता से जनता में विद्रोह भावना भरकर जेलों के समस्त कैदियों को मुक्त कराना चाहते थे, और मुक्त कराये गए कैदियों को अपने दल में लेकर उनके कार्य को आगे बढ़ाना चाहते थे। इसी बीच उनका संपर्क एक व्यक्ति से हुआ, जो ब्रह्मचारी नाम से जाना जाता था। इसके माध्यम से उन्होंने चम्बल तथा यमुना के बीच के डाकुओं का संगठन किया। डाकुओं के संपर्क और ब्रह्मचारी के सहयोग से संगठन कुछ सशक्त तो अवश्य हुआ, परंतु ब्रह्मचारी मुख्यतया ग्वालियर राज्य में डाके डालने में ही उलझ गया। कुछ ही दिनों में पूरे ग्वालियर राज्य में उसका आतंक मच गया। उसे पकड़ने के लिए राज्य के गुप्तचरों ने अपना जाल बिछा दिया तथा उसकी गिरफ्तारी कराने पर इनामों की घोषणा कर दी गई। इनाम के लालच में अनेक मुखबिर काम करने लगे।

एक बार ब्रह्मचारी तथा पण्डित गेंदालाल दीक्षित अपने दलबल के साथ कहीं डाका डालने जा रहे थे। स्थान बहुत दूर था; वहां एक दिन में पहुंचना संभव नहीं था, अत: रास्ते में एक पड़ाव डाला गया। पूरे गिरोह में लगभग 80

व्यक्ति थे। इस गिरोह में एक पुलिस का मुखबिर भी था, गिरोह इस तथ्य से पूरी तरह अपरिचित था। मुखबिर मौका देख रहा था। पड़ाव डालने पर लोग भूखे थे। वह मुखबिर खाना लाने के लिए चल पड़ा। थोड़ी देर बाद वह पूड़ियाँ बनाकर लाया, जिनमें उसने बेहोशी की दवा मिला दी थी। भूखा गिरोह खाना खाने लगा। ब्रह्मचारी इस बात को समझ गया, क्योंकि पूरियां खाते ही उसकी जीभ ऐंठने लगी थी। मुखबिर पानी लाने के बहाने वहां से खिसकना चाहता था, पर ब्रह्मचारी ने उसे इसका अवसर नहीं दिया, तत्काल मुखबिर को गोली मारकर यमलोक पहुंचा दिया। आसपास पुलिस दल छिपा हुआ था। गोली की आवाज सुनते ही पुलिस वालों ने उन्हें घेर लिया। दोनों और से गोलियां चलीं; जोरदार लड़ाई हुई। गिरोह के पैंतीस व्यक्ति मारे गए। पुलिस दल के पास लड़ाई का पर्याप्त सामान था, अत: पण्डित गेंदालाल तथा उनके गिरोह के शेष व्यक्ति बन्दी बना लिए गए और उन्हें ग्वालियर के किले में बंद कर दिया गया।

उपर्युक्त डाकू दल के अतिरिक्त पण्डित गेंदालाल दीक्षित के नेतृत्व में कुछ युवक भी काम करते थे। इनका दल मातृवेदी कहलाता था। इसी में पण्डित रामप्रसाद बिस्मिल भी सम्मिलित हुए थे। इसका वर्णन पहले ही किया जा चुका है। युवकों के इस संगठन में रामप्रसाद बिस्मिल, मुकन्दीलाल, शिवकृष्ण आदि सम्मिलित थे। इन युवकों ने पण्डित गेंदालाल दीक्षित को मुक्त कराने की योजना बनाई।

कभी-कभी कुछ व्यक्तियों की निजी महत्त्वाकांक्षा संगठन के लिए घातक सिद्ध होती है। इधर बिस्मिल आदि दल के संगठन में व्यस्त थे, उधर एक सदस्य, जो मैनपुरी का निवासी था, उसकी महत्त्वाकांक्षा ने उसे लीडर बनने का सपना दिखाया। इस पर उसने अपना एक पृथक संगठन जैसा बना लिया। दल के पास धन का अभाव था और इस सदस्य पर नेतागिरी का भूत सवार था, जिसके कारण वह स्वयं को तानाशाह ही समझने लगा था। अत: उसने दल के ही एक अन्य युवा सदस्य से कहा कि वह स्वयं अपने घर डाका डलवाए। इस युवा सदस्य का नाम सोमदेव था। सोमदेव ऐसा करने के लिए सहमत नहीं हुआ। उस नेता ने सोमदेव को दल का आदेशपत्र थमा दिया तथा उसकी हत्या कर देने की धमकी दी। दल के लोग इन दिनों मैनपुरी में थे। सोमदेव ने विद्रोह कर दिया वह सीधे पुलिस के पास गया। उसने सारी योजना का भेद खोल दिया। यही षड्यंत्र मैनपुरी षड्यंत्र कहा जाता है।

षड्यंत्र का भेद खुल जाने पर मातृवेदी के सदस्यों की धर-पकड़ आरंभ हो गई। मन्मथनाथ गुप्त के अनुसार रामप्रसाद बिस्मिल, शिवकृष्ण आदि फरार

हो गए। मुकन्दीलाल आदि अनेक व्यक्ति गिरफ्तार हुए। शिवकृष्ण इस षड्यंत्र के प्रमुख नेता थे, वे भी फरार हो गए थे, अतः उन्हें छोड़कर विश्वयुद्ध के बाद जब सभी राजनीतिक बंदियों को आम माफी दी गई, तो अन्य फरार व्यक्तियों तथा बंदियों को मुक्त कर दिया गया। रामप्रसाद बिस्मिल तथा मुकन्दीलाल बाद में काकोरी काण्ड में भी शामिल हुए। किन्तु बिस्मिल के अनुसार शिवकृष्ण भी गिरफ्तार हुए और छः माह बाद जेल से भाग गए। इनके अलावा केवल एक ही अन्य सदस्य गिरफ्तार हुआ।

मैनपुरी षड्यंत्र के सदस्यों को दल का सदस्य बनने पर एक शपथ लेनी पड़ती थी। मन्मथनाथ गुप्त के अनुसार यह प्रतिज्ञा निम्न थी-

है देश को स्वाधीन करना जन्ममय संसार में।
तत्पर रहूंगा मैं सदा अंग्रेज दल संहार में।।

अन्याय का बदला चुकाना मुख्य मेरा धर्म है।
मद दलन अत्याचारियों का यह प्रथम शुचि कर्म है।।

मेरी अनेकों भावनाएं उठ रही हृदय धाम में।
बस शांत केवल कर सकूंगा मैं इन्हें संग्राम में।।

स्वाधीनता का मूल्य बढ़कर है। सभी संसार से।
बदला चुकेगा हरणकर्ता के रुधिर की धार से।।

अंग्रेज रुधिर की धार से निज पितृगण तर्पण करूं।
अंग्रेज सिर सहित भक्ति मैं जननी को अर्पण करूं।।

हो दुष्ट दुःशासन रुधिर स्नान से यह द्रोपदी।
हो सहस्त्रबाहु विनाश से यह रेणुका सुख में पगी।।

है कठिन अत्याचार का ऋण ब्रिटिश ने हमको दिया।
सहब्याज उसके उत्रृण का हमने कठिन प्रण है किया।।

मैं अमर हूं मेरा कभी नाश हो सकता नहीं।
है देह नश्वर त्राण इसका हो नहीं सकता कहीं।।

होते हमारे मात जग में पद दलित होगी नहीं।
रहते करोड़ों पुत्र के जननी दु:खित होगी नहीं।।

उद्धार हो जब देश का इस क्लेश कारागार से।
भयभीत तब होंगे नहीं हम जेल से तलवार से।।

रहते हुए तन प्राण रण से मुख न मोड़ेंगे कभी।
कर शक्ति है जब तक न अपने शस्त्र छोड़ेंगे कभी।।

परतंत्र होकर स्वर्ग के भी वास की इच्छा नहीं।
स्वाधीन होकर नरक में रहना भला उससे कहीं।।

है स्वर्णपिंजर वास अति दु:खपूर्ण सुन्दर वीर को।
वह चाहता स्वच्छंद विचरण अति विपिन गंभीर को।।

जंजीर की झंकार में शुभ गीत गाते जाएंगे।
तलवार के आघात में निज जय मनाते जाएंगे।।

हे ईश! भारतवर्ष में शत बार तेरा जन्म हो।
कारण सदा ही मृत्यु का देशोपराक कर्म हो।।

मैनपुरी षड्यंत्र का भेद खुल जाने के बाद पण्डित गेंदालाल को ग्वालियर से मैनपुरी जेल लाया गया, क्योंकि मुखबिर बने सदस्य ने सूचना दी थी कि पण्डित दीक्षित ही इस षड्यंत्र के मुख्य नेता थे। जेल में उन्हें तपेदिक हो गई। उनका सुन्दर स्वास्थ्य एकदम चौपट हो गया। ग्वालियर और मैनपुरी दोनों जगह के मुकदमे चल रहे थे। वह समझ गए कि फांसी या काले पानी में से एक का मिलना निश्चित था। अत: उन्होंने मुक्त होने के लिए एक नाटक रचा और पुलिस को बताया कि वह स्वयं मुखबिर बनना चाहते थे। उन्होंने बंगाल के तथा अन्य अनेक क्रान्तिकारियों को पकड़वा देने का आश्वासन दिया। इससे पुलिस को बड़ी प्रसन्नता हुई कि षड्यंत्र का मुखिया ही मुखबिर बन रहा था। उन्हें मुखबिर बना लिख गया। इससे अभियुक्तों के आश्चर्य की सीमा न रही।

एक रात मौका मिलते ही गेंदालाल दीक्षित एक अन्य मुखबिर रामनारायण को साथ लेकर फरार हो गए। पुलिस की लाख कोशिशों के बाद भी वह फिर कभी पकड़ में नहीं आए। रामनारायण को साथ लेकर वह पहले कोटा पहुंचे। रामनारायण को वह विश्वसनीय नहीं मानते थे और हुआ भी ऐसा ही। वह पण्डितजी को एक कोठरी में बंद करके उनका सारा सामान लेकर भाग खड़ा हुआ। हां, इस बात की सूचना उसने पुलिस को नहीं दी। पण्डित गेंदालाल तीन दिन भूखे-प्यासे उसी कोठरी में बंद रहने के बाद किसी प्रकार बाहर निकले। इसके बाद वह पैदल ही आगरा पहुंचे, किंतु वहां भी उन्हें आश्रय देने के लिए कोई तैयार नहीं हुआ। वह किसी तरह दिल्ली पहुंचे। वहां उन्होंने कुछ दिन एक प्याऊ में नौकरी की। उनका रोग दिन-पर-दिन भयंकर होता गया, इस विवशता में वह आगे देश की सेवा के लिए कुछ नहीं कर पाए, इसका उनको अंतिम समय तक दुःख था। दिल्ली में ही किसी सरकारी अस्पताल में इस महान देशभक्त का 21 दिसम्बर 1920 को देहान्त हो गया। उस समय उनके पास उनका कोई भी संबंधी नहीं था।

पंडित गेंदालाल दीक्षित के दल में आ जाने पर रामप्रसाद बिस्मिल उनके सबसे विश्वसनीय साथी बन गए थे। मातृवेदी का संगठन उन्हीं के हाथों में था। वह एक अनुशासन प्रिय क्रान्तिकारी थे। वे स्वयं अविवाहित थे और अविवाहित लोगों को ही अपने दल का सदस्य भी बनाते थे। श्री मुकन्दीलाल इस षड्यंत्र में गिरफ्तार किए गए थे तथा उन्हें बाद में विश्वयुद्ध की समाप्ति पर मुक्त नहीं किया गया था, वह 1923 में पूरी सजा काटने के बाद छूटे थे। उन्होंने स्वयं स्वीकार किया है कि इस काण्ड में बिस्मिल श्री गेंदालाल दीक्षित का दाहिना हाथ थे-

"बक्शी जी के जरिए ही मेरी मुलाकात पंडित रामप्रसाद बिस्मिल से हुई। बिस्मिल जी मैनपुरी केस में पण्डित गेंदालाल का दाहिना हाथ थे। वे अपने दल में शादीशुदा लोगों को कभी भर्ती नहीं करते थे। वे खुद भी पक्के ब्रह्मचारी थे। तख्त पर शेर बब्बर की खाल बिछाकर लेटते थे। ईश्वर पर उनका अटल विश्वास था। हिन्दी, अंग्रेजी, बंगला, उर्दू के अच्छे जानकार थे। बिस्मिल जी मैनपुरी केस में पकड़े नहीं गए। इनकी ही प्रेरणा से मैंने क्रांतिकारी कार्य करने का वचन दे दिया।"

मैनपुरी षड्यंत्र बिस्मिल के जीवन की प्रथम महत्त्वपूर्ण घटना है। इस षड्यंत्र के बाद ही उनकी गणना प्रसिद्ध क्रान्तिकारियों में होने लगी थी।

चतुर्थ अध्याय
मैनपुरी षड्यंत्र के बाद बिस्मिल

मैनपुरी षड्यंत्र में रामप्रसाद बिस्मिल फरार हो गए थे। पुलिस की सभी गतिविधियों और साथियों के पकड़े जाने की सूचनाएं उन्हें मिलती रहती थीं। वह दल के लिए कुछ न कुछ करते रहना चाहते थे। दिल्ली में कांग्रेस का अधिवेशन होने वाला था। उनकी लिखी हुई पुस्तक 'अमेरिका को स्वाधीनता कैसे मिली' संयुक्त प्रांत की सरकार द्वारा पहले ही जब्त की जा चुकी थी। अत: उन्होंने इस पुस्तक को दिल्ली में कांग्रेस के अधिवेशन के अवसर पर बेचने का विचार किया। वह शाहजहांपुर की सेवा समिति की ओर से एम्बुलेंस का दल लेकर दिल्ली पहुंच गए। एम्बुलेंस वालों को अधिवेशन में कहीं भी जाने के लिए आज्ञा लेने की आवश्यकता नहीं पड़ती थी। अत: सेवा समिति के सदस्य पुस्तकें बेचने लगे। अधिवेशन के पंडाल के बाहर एक युवक जोर-जोर से आवाज देकर कहने लगा-"यू.पी. में जब्त किताब, 'अमेरिका को स्वाधीनता कैसे मिली'।" गुप्तचर विभाग के आदमी भी वहां घूम रहे थे। अत: तत्काल पुलिस ने चारों ओर से घेराबंदी कर दी। सामने ही आर्य समाज का शिविर लगा था, जिसमें आर्य समाज की पुस्तकें बेची जा रही थीं। पुलिस वाले वहां तलाशी लेने लगे। वहां कुछ नहीं मिला। बिस्मिल ने पंडाल के द्वार पर कुछ युवकों को नियुक्त किया था और उन्हें बताया गया था कि कांग्रेस स्वागत समिति के अध्यक्ष की आज्ञा बिना किसी पुलिस वाले को अन्दर न आने दिया जाए। पुस्तकें आर्य समाज के शिविर के एक अलग टैण्ट के अन्दर रखी हुई थीं। बिस्मिल सीधे उस स्थान पर गए। पुस्तकें लगभग दो सौ की संख्या में थीं। उन्होंने उन्हें अपने ओवरकोट में लपेट लिया और उसे अपने कंधे पर डालकर पुलिस वालों के सामने बाहर निकल गए। इस समय उन्होंने एम्बुलेंस की वर्दी पहनी थी, सिर पर टोप था तथा हाथ में एम्बुलेंस का बड़ा-सा लाल रंग का बिल्ला लगा हुआ था। इससे पुलिस को उन पर किसी प्रकार का संदेह नहीं हुआ और वह पकड़े जाने से बच गए।

दिल्ली के बाद बिस्मिल अपने साथियों सहित शाहजहांपुर पहुंचे। वहां भी

पुलिस सतर्क थी। अतः वहां से भी दूसरी जगह जाना पड़ा। वहां उन्होंने अपने किसी परिचित के यहां डेरा डाला। पुलिस का भय बराबर बना हुआ था। अतः मकान मालिक रात में मकान के बाहर से ताला लगा देता था, ताकि ऐसा लगे कि यहां कोई नहीं रहता है। बड़ा ही कठिन समय था। हर समय शंका बनी रहती थी कि क्या पता कब पुलिस को इसकी सूचना मिल जाए और वह उन्हें गिरफ्तार करने के लिए आ धमके। अतः रात में भी चौकन्ना रहना पड़ता था। एक बार रात्रि में उनका एक साथी वहां पहुंचा, जो किसी दूसरे स्थान से आया था। मकान के बाहर से ताला पड़ा देखकर उसने साथियों को आवाज दी, मकान के अंदर बंद युवकों ने इसे पुलिस की आवाज समझा। सबके सब पिछली ओर से दीवार से उतर गए और अंधेरी रात में एक ओर चल पड़े। कुछ ही दूर जा रहे थे कि पुलिस मिल गई। युवकों ने समझा घिर गए हैं, किंतु बात ऐसी नहीं थी। रात में इस तरह जाते देख पुलिस को यों ही संदेह हो गया था। इस घटना का विवरण बिस्मिल के ही शब्दों में निम्नलिखित है–

"…..अंधेरी रात थी। थोड़ी दूर गए थे कि हठात् ही आवाज आई, 'खड़े हो जाओ, कौन जाता है?' हम लोग सात–आठ आदमी थे। समझे कि घिर गए। कदम उठाना ही चाहते थे कि फिर आवाज आई, 'खड़े हो जाओ, नहीं तो गोली मारते हैं।' हम लोग खड़े हो गए। थोड़ी देर में एक पुलिस का दरोगा बंदूक हमारी तरफ किए हुए, रिवॉल्वर कंधे में लटकाए, कई सिपाहियों को लिए हुए आ पहुंचे। पूछा, –कौन हो? कहां जाते हो? कहां जाते हो?' हम लोगों ने कहा, विद्यार्थी हैं, स्टेशन जा रहे हैं।'–'कहां जाओगे?'–'लखनऊ।' उस समय रात के दो बजे थे। लखनऊ की गाड़ी पांच बजे जाती थी। दरोगाजी को शक हुआ। लालटेन आई। हम लोगों के चेहरे रोशनी में देखकर उनका शक जाता रहा। कहने लगे–'रात के समय लालटेन लेकर चला कीजिए। गलती हुई, मुआफ कीजिए।' हम लोग भी सलाम झाड़कर चलते बने।"

इसके बाद इन युवकों ने वह सारी रात एक बाग में बनी एक झोंपड़ी में बिताई। जनवरी का महीना था। रातभर मूसलाधार पानी बरसता रहा। झोंपड़ी के अंदर भी पानी भर गया। सारे कपड़े भीग गए, किंतु ठिठुरते रहने पर भी भारतमाता के इन निराले सपूतों को इसकी कोई चिंता न थी। दूसरे दिन शाहजहांपुर पहुंचे। वहां बंदूकें जमीन में गाड़ दीं। इसके बाद इलाहाबाद जाने का कार्यक्रम बना और चल पड़े।

मित्रों द्वारा बिस्मिल की हत्या का प्रयास

रामप्रसाद बिस्मिल अपने तीन अन्य मित्रों गंगासिंह, राजाराम और देवनारायण के साथ इलाहाबाद पहुंच गए। वहां पंडित रामप्रसाद बिस्मिल का अपने इन मित्रों के साथ विवाद हो गया। पंडित रामप्रसाद बिस्मिल के अनुसार इस विवाद का कारण यह था कि उनके ये मित्र दल के किसी सदस्य की हत्या करना चाहते थे, क्योंकि वह व्यक्ति विचारों का पक्का नहीं था। अन्य सदस्यों को विश्वास था कि यदि उसे पुलिस ने पकड़ लिया, तो वह उनके सामने टिक नहीं सकेगा और दल के सारे भेद खोल देगा। बिस्मिल किसी की हत्या करने के पक्ष में नहीं थे, किंतु उनके अन्य साथी अपनी बात पर अड़ गए। अन्ततः बिस्मिल को चुप हो जाना पड़ा।

बिस्मिल की बहिन श्रीमती शास्त्री देवी ने इस विवाद का कारण अपने संस्मरणों में दूसरा ही बताया है। उनके अनुसार बिस्मिल के ये मित्र इलाहाबाद से कलकत्ता जाकर वाइसराय की हत्या करना चाहते थे, किंतु बिस्मिल किसी की भी हत्या करने के विरुद्ध थे, उनका कहना था कि वाइसराय की हत्या कर देने मात्र से देश को स्वतंत्रता नहीं मिल सकती थी। हां, जिस तरह एक ही रात में सारे शहरों में पर्चे चिपकाए गए, यदि इस तरह सारे देश में एक साथ क्रान्ति हो और एक साथ सभी अंग्रेजों को मार दिया जाए, तो इससे स्वराज्य मिल सकता था। दो-तीन दिन बाद चारों मित्र एक दिन दोपहर बाद झांसी का किला देखने गए। संध्या के समय वहां से लौटकर संगम पर पहुंचे। गंगा पारकर यमुना के किनारे आए। पंडित बिस्मिल एक धर्मनिष्ठ आर्य समाजी थे। संध्या-उपासना करना उनका नित्यप्रति का नियम था। अतः वह यमुना तट पर संध्या वन्दना के लिए बैठ गए। उनके तीनों मित्र भी उनके पास ही बैठ गए।

बिस्मिल संध्या उपासना करते समय ध्यान लगाकर बैठे थे। इतने में उन्हें हल्की आहट जैसी सुनाई दी। इस पर उन्होंने कोई ध्यान नहीं दिया तभी एक गोली उनके कान के पास से सनसनाती हुई निकल गई। उनकी आंखें खुल गईं। वह समझ गए कि किसी ने उन पर गोली चलाई थी। उन्होंने अपना रिवॉल्वर निकाला और देखा कि गोली चलाने वाले अन्य कोई नहीं, उन्हीं के तीनों मित्र थे। एक के हाथ में माउजर पिस्तौल था। बिस्मिल सामना करने के लिए तैयार हो गए। उनके मित्रों ने उन पर तीन फायर किए और भाग खड़े हुए। सौभाग्य से बिस्मिल बच गए। इस घटना का वर्णन करते हुए उन्होंने लिखा है-

"मैं आंखें बंद किए हुए ध्यान कर रहा था। थोड़ी देर में खट की आवाज

हुई। समझाा कि साथियों में से कोई कुछ कर रहा होगा। तुरंत ही फायर हुआ। गोली सन से मेरे कान के पास से निकल गई। मैं समझ गया कि मेरे ऊपर ही फायर हुआ है। मैं रिवॉल्वर निकालता हुआ आगे बढ़ा। पीछे फिर कर देखा। वह महाशय माउजर हाथ में लिए हुए मेरे ऊपर गोली चला रहे हैं। कुछ दिन पहले उनका झगड़ा हो चुका था, किंतु फिर समझौता हो गया था। फिर भी उन्होंने यह कार्य किया। मैं भी सामना करने को प्रस्तुत हुआ। तीन फायर करके वह भाग खड़े हुए। उनके साथ प्रयाग में ठहरे हुए दो सदस्य और भी थे। वे तीनों भाग गए। मुझे देर इसलिए हुई कि मेरा रिवॉल्वर चमड़े के खोल में रखा था। यदि आधा मिनट और उनमें से कोई खड़ा रह जाता, तो मेरी गोली का निशाना बन जाता। जब सब भाग गए, तो मैं गोली चलाना व्यर्थ जान वहां से चला आया। मैं बाल-बाल बच गया। मुझसे दो गज के फासले से माउजर से गोली चलाई गई और उस अवस्था में, जबकि मैं बैठा हुआ था। मेरी समझ में नहीं आया कि मैं बच कैसे गया। पहला कारतूस फूटा नहीं। तीन फायर हुए। मैं गद्‌गद्‌ होकर परमात्मा का स्मरण करने लगा। आनन्दोल्लास से मुझे मूर्च्छा आ गई। मेरे हाथ से रिवॉल्वर तथा खोल दोनों गिर गए। यदि उस समय कोई निकट होता, तो मुझे भलीभांति मार सकता था। मेरी यह अवस्था लगभग एक मिनट तक रही होगी कि मुझसे किसी ने कहा, 'उठ।' मैं उठा। रिवॉल्वर उठा लिया। खोल उठाने का स्मरण ही न रहा।"

इस समय वह केवल एक तहमद एवं कोट पहने हुए थे। जूते भी संभवतः उनकी हत्या का प्रयास करने वालों ने नदी में फेंक दिए थे। साथियों के इस विश्वासघात से उन्हें भारी मानसिक आघात पहुंचा। कुछ देर तक यों ही यमुना तट पर घूमते रहे। सामान जहां ठहरे थे, उसी धर्मशाला में पड़ा था। पहले उन्होंने सोचा कि वहां चलकर ताला तोड़कर सामान ले लेना चाहिए, किंतु वहां जाने का अर्थ पुनः गोली चलना था, अतः उन्होंने वहां जाने का विचार त्याग दिया। परंतु प्रतिशोध की आग उनके अंदर धधक रही थी। निश्चय किया कि प्रतिशोध समय आने पर अवश्य लिया जाएगा। इलाहाबाद में उनके एक परिचित पंडित तिवारी रहते थे। अतः वह तिवारी जी के यहां पहुंचे। वहां थोड़ी देर ठहरे तथा उनसे एक चादर लेकर निकल गए। इसके बाद ट्रेन से लखनऊ पहुंचे। यहीं अपने लिए धोती, कुरता, जूता आदि वस्तुएं खरीदीं। यहां अपने कुछ मित्रों से, जो दल के सदस्य भी थे, मिले। उन्हें सारी घटना सुनाई।

इधर गंगासिंह, राजाराम तथा देवनारायण, जिन्होंने बिस्मिल की हत्या का प्रयास किया था। अत्यधिक डर गए थे। उन्होंने समझा, यदि बिस्मिल बच गए,

तो वह बदला अवश्य लेंगे। अतः वे लोग भी बिस्मिल के सभी परिचितों के पास गए और तिवारीजी के पास पहुंचे। वहां उन्होंने बिस्मिल के विषय में पूछा, किंतु तिवारीजी ने कह दिया कि बिस्मिल उनके घर आए ही नहीं। उन लोगों ने यमुना का तट भी छान मारा और समझ लिया कि गोली लगने के बाद बिस्मिल तड़पते हुए यमुना में डूबकर मर गए होंगे। अतः वे लोग निश्चिन्त हो गए। इसके बाद वे लोग शाहजहांपुर पहुंचे। बिस्मिल वहां भी नहीं आए थे। उनके घर वालों ने इन लोगों से बिस्मिल के विषय में पूछा। इन्होंने कह दिया कि बिस्मिल मारे गए। सारा घर शोक में डूब गया। घर वालों ने बिस्मिल के लिए वह सब संस्कार भी कर दिए, जो व्यक्ति की मृत्यु के बाद किए जाते हैं। बहनों की पढ़ाई भी बन्द हो गई।

लखनऊ के बाद बिस्मिल जंगल में चले गए। इस घटना से उन्हें संसार से वैराग्य जैसा हो गया। कई बार उनके मस्तिष्क में संन्यास लेने का विचार भी आया। इसलिए वह कुछ दिन जंगल में ही रहे। इसके बाद वह पुनः शाहजहांपुर पहुंचे। घरवाले तो उन्हें मृत समझ चुके थे। इस प्रकार उनके सहसा घर पहुंच जाने पर पहले तो लोगों को अपनी आंखों पर विश्वास ही नहीं आया। उन्होंने आप बीती का पूरा वृतान्त कह सुनाया। घर में फिर से प्रसन्नता का वातावरण बन गया। इस समय उनकी बहिन के विवाह के लिए दादी के अलावा सभी लोग ग्वालियर गए हुए थे। अतः वह भी ग्वालियर गए। घर के सभी लोग इस तरह उन्हें देखकर असीम प्रसन्न हुए, किंतु बिस्मिल की आंखों में आंसू थे। घर वालों को आश्चर्य हुआ। उन्होंने बिस्मिल से इन आंसुओं का कारण जानना चाहा। वस्तुतः बिस्मिल अपनी बहिन का विवाह किसी सम्पन्न परिवार में करना चाहते थे, किंतु उनकी मृत्यु का समाचार सुनकर उनके पिताजी ने यह विवाह एक साधारण घर में निश्चित कर दिया था और उसकी पढ़ाई भी छुड़वा दी थी। इससे बिस्मिल को असह्य दुःख हुआ, किंतु अब कुछ नहीं किया जा सकता था। इसीलिए विवशता के कारण उनकी आंखों में आंसू आ गए।

हत्या न करने की प्रतिज्ञा

किसी भी प्रकार की दमित इच्छांए यदा-कदा व्यक्ति के लिए अकल्पनीय रूप से भयंकर सिद्ध होती हैं। रामप्रसाद बिस्मिल अपनी हत्या का प्रयास करने वाले लोगों को भूले नहीं थे। वह इसका बदला न ले पाए थे, यह बात उन्हें प्रतिपल कचोटती रहती थी। वह बदला लेने की ठान चुके थे। एक दो बार वह इसके लिए गए भी, किंतु सफलता नहीं मिली। मन में हर समय मंथन चलता

रहता था। इसी कारण उन्हें बुखार आने लगा जिसने बाद में भयंकर रूप ले लिया और वह बीमार हो गए। कई महीनों तक अनेक प्रकार से चिकित्सा किए जाने पर भी रोग शांत न हुआ। उनकी माँ इस रोग का कारण समझ गईं। उन्होंने बिस्मिल से भी पूछा। बात सत्य थी। प्रतिशोध की प्रबल भावना ने रोग का रूप ले लिया था। मां ने आज्ञा दी–"प्रतिज्ञा करो कि तुम उन लोगों से बदला नहीं लोगें, जिन्होंने तुम्हारी हत्या का प्रयास किया था।" इस पर रामप्रसाद ने आनाकानी की, तो मां पुनः बोलीं–"इसे तुम मातृऋण समझ लो, इसे चुकाने के लिए तुम्हें प्रतिज्ञा करनी ही होगी। बोलो क्या इस ऋण को नहीं चुकाओगे?"

"मैं बदला लेने की प्रतिज्ञा कर चुका हूं।" रामप्रसाद बिस्मिल ने कहा।

मां भी अपनी बात पर अड़ गईं, रामप्रसाद सच्चे आर्य समाजी थे। मातृऋण से उऋण होना उनका धर्म था। मां स्वयं अपना ऋण चुकाने के लिए उनसे कुछ मांग रही थी। अतः उन्हें बदले का प्रण भंग करना पड़ा और मां के सामने प्रतिज्ञा करनी पड़ी कि वह उन लोगों की हत्या नहीं करेंगे, जिन्होंने उनकी हत्या का प्रयत्न किया था और उसी दिन से उनका ज्वर कम होने लगा तथा कुछ ही दिनों में वह पूर्णतया स्वस्थ हो गए।

वस्तुतः बिस्मिल ऐसी महान माता के महान पुत्र थे। इसीलिए उनके हृदय में अपनी मां के प्रति अगाध श्रद्धा थी।

बिस्मिल का कृषक जीवन

मैनपुरी षड्यंत्र में फरार हो जाने के बाद बिस्मिल पुलिस की नजरों में आ चुके थे। अतः अपनी बहिन के विवाह के अवसर पर जब वह ग्वालियर गए, तो उन्होंने वहीं रहना उचित समझा। वहां उनकी पैतृक भूमि थी। अतः वह खेती करने लगे। उन्होंने अपनी वेशभूषा भी बिल्कुल ग्रामीणों के जैसी बना ली। उन्हें देखकर कोई नहीं कह सकता था कि वह शहर में पले एवं पढ़े थे। शरीर उनका बलिष्ठ था ही। अतः वह खेती करने में पूर्ण मनोयोग से जुट गए। थोड़े ही समय में वह एक कुशल किसान बन गए। ग्वालियर की भूमि पठारी है। बबूल, नीम के वृक्ष, चारों ओर पठार ही पठार तथा मरुस्थल, ऐसी भूमि में खेती करना कोई आसान काम नहीं है। अपने इस जीवन के दिनों का वर्णन करते हुए उन्होंने लिखा है–

"खेती के कामों में मैंने विशष ध्यान दिया। शरीर तो हृष्ट-पुष्ट था ही, थोड़े ही दिनों में अच्छा-खासा किसान बन गया। उस कठोर भूमि में खेती करना कोई सरल काम नहीं। बबूल, नीम के अतिरिक्त कोई एक दो आम के

वृक्ष भले ही कहीं दिखाई दे जाएं, बाकी वह नितान्त मरुभूमि है। खेत में जाता, थोड़ी देर में ही झड़बेरी के कांटों से पैर भर जाते। पहले-पहल तो बड़ा कष्ट प्रतीत हुआ। कुछ समय बाद अभ्यास हो गया। जितना खेत उस देश का एक बलिष्ठ पुरुष दिन भर में जोत लेता था, उतना मैं भी जोत लेता था। मेरा चेहरा बिल्कुल काला पड़ गया।"

इसके बाद वह घूमने के उद्देश्य से कुछ दिन के लिए शाहजहांपुर पहुंचे। गाड़ी छूट गई। अतः पैदल चल पड़े। वह पैदल ही जा रहे थे। उनका रंग काला पड़ जाने के कारण लोग उन्हें नहीं पहचान रहे थे, किंतु एक पुलिस वाले ने उन्हें पहचान लिया। वह अन्य पुलिस वालों को बुलाने के लिए दौड़ा। बिस्मिल उसका उद्देश्य समझ गए पहले दिन ही बीस मील चल चुके थे, फिर भागना पड़ा। लगभग पैंतीस मील उस दिन भी पैदल चले।

इधर शाहजहांपुर में पुलिस ने उनके घर वालों को परेशान करना आरंभ कर दिया। उनके नाम गिरफ्तारी का वारंट था। अतः पुलिस ने उनके पिता जी को धमकी दी थी कि यदि बिस्मिल गिरफ्तार न हुआ, तो उसके दादा की सम्पत्ति में से उसका हिस्सा नीलाम कर दिया जाएगा। बिस्मिल के पिता इससे घबरा गए उन्होंने घर-मकान आदि शाहजहांपुर की सभी सम्पत्ति औने-पौने मूल्य में बेच डाली और शाहजहांपुर ही छोड़ दिया। बहिनों के विवाह में उनके माता-पिता की सारी जमा पूंजी समाप्त हो गई। कितने परिश्रम से उनका परिवार समाज में अपने लिए एक विशिष्ट स्थान बना पाया था, किंतु दुर्दिनों के चक्र ने उनकी हालत फिर दयनीय बना दी।

बिस्मिल के अन्य साथी भी मैनपुरी की घटना के बाद फरार हो गए थे। उनकी भी स्थिति बड़ी दयनीय हो गई थी। सभी पुलिस की नजरों से अपने को बचाते हुए मारे-मारे भाग रहे थे। रहने और खाने का भी कोई ठौर-ठिकाना नहीं था। कभी-कभार कोई परिचित सहानुभूति रखने वाला अथवा मित्र दो-चार रुपये दे देते, उसी से किसी प्रकार गुजारा करना पड़ता था। तन पर कपड़े न थे। विवश होकर जिसके पास जो हथियार थे, बेचने पड़े।

बिस्मिल पुनः वापस ग्वालियर आ गए। अब वह खेती के साथ ही गाय, भैंस आदि पशुओं को चराने भी ले जाते थे। वहां जाकर खाली बैठा रहना पड़ता था, अतः उन्होंने समय का सदुपयोग करने का विचार किया। श्री सुशीलचन्द्र सेन मिशन स्कूल के विद्यार्थी जीवन में बिस्मिल के सहपाठी रह चुके थे। बिस्मिल का उनसे अनन्य स्नेह था। उन्हीं के साथ के प्रभाव से उनकी सिगरेट पीने की लत छूटी थी। श्री सुशीलचन्द्र सेन की मृत्यु हो चुकी

थी।, किंतु अपने इस परमप्रिय शुभचिंतक सहपाठी को बिस्मिल भूल नहीं सके। अपने छोटे भाई का नाम भी उन्होंने अपने इसी सहपाठी की याद में सुशीलचन्द्र रखा था। अतः उसी की स्मृति में उन्होंने बंगला भाषा का अध्ययन भी किया था। अतः उन्होंने निश्चय किया कि बंगला से क्रान्तिकारी साहित्य का हिन्दी अनुवाद करना चाहिए, जिसे बाद में प्रकाशित कराया जाए। अतः उन्होंने सर्वप्रथम 'निहिलिस्ट रहस्य' नामक बंगला पुस्तक का हिन्दी अनुवाद करना प्रारंभ कर दिया। उन्हें अनुवाद कार्य का कोई अनुभव नहीं था। अतः कभी-कभी अपने किए अनुवाद पर स्वयं हंसी आ जाती। कॉपी-पेंसिल साथ लेकर पशुओं को चराने निकल जाते। कभी-कभी गाय-भैंसों के दूर निकल जाने पर अनुवाद कार्य को बीच में ही छोड़कर, उन्हें वहां से लौटाने के लिए जाना पड़ता।

इस काम को पूरा करने के लिए उन्हें कुछ दिन एक साधु के आश्रम में भी रहना पड़ा। भोजन सामग्री घर से ले जाते। वहीं अपने हाथ से भोजन बनाते। वहीं रहते तथा अनुवाद करते रहते। भोजन सामग्री समाप्त होने पर फिर घर से ले जाते तथा पुनः यही क्रम चलता रहता। अंत में यह पुस्तक पूरी हुई। इसके बाद इसी तरह कुछ अन्य पुस्तकों का भी बंगला से हिन्दी में अनुवाद किया। प्रथम पुस्तक का हिन्दी नाम 'बोलशेविकी की करतूत' रखा। दूसरी पुस्तक 'मन की लहर' थी। 'सुशील पुस्तक माला' के अन्तर्गत इन दोनों पुस्तकों को प्रकाशित कराया। इन पुस्तकों के प्रकाशन में बिस्मिल को लगभग पांच सौ रुपये की हानि हुई।

मैनपुरी षड्यंत्र का भण्डा फूट जाने के बाद पुलिस से बचने के लिए 'मातृवेदी' के सदस्यों ने कुछ समय के लिए अपनी क्रान्तिकारी गतिविधियां बन्द कर दीं। प्रथम महायुद्ध के बाद सभी राजनीतिक बन्दियों को छोड़ने की घोषणा की गई तथा 1920 में सभी राजनीतिक बन्दी मुक्त कर दिए गए। इसके बाद शायद एक बार बिस्मिल के मन में कोई व्यवसाय करने का विचार भी आया था। उन्होंने स्वयं लिखा है-

"राजकीय घोषणा हुई और राजनैतिक कैदी छोड़े गए। तब शाहजहांपुर जाकर कोई व्यवसाय करने का विचार हुआ, ताकि माता-पिता की कुछ सेवा हो सके। विचार किया करता था कि इस जीवन में फिर कभी आजादी से शाहजहांपुर में विचरण न कर सकूंगा, पर परमात्मा की लीला अपार है। वे दिन आए। मैं पुनः शाहजहांपुर का निवासी हुआ।"

पंचम अध्याय
विविधा

नौकरी

प्रथम विश्वयुद्ध की समाप्ति पर 1920 में सभी राजनीतिक बंदियों को मुक्त कर दिया गया था तथा फरार अभियुक्तों से भी अभियोग उठा लिए गए। अतः अब पुलिस का कोई भय नहीं था। बिस्मिल अपनी जन्मभूमि शाहजहांपुर आए। इस बार शाहजहांपुर आने पर उन्हें बड़े विचित्र एवं कटु अनुभव हुए। कोई भी व्यक्ति उनसे बातें करने से कतराता था; उनके पास खड़े होने का भी किसी को साहस नहीं होता था। यदि वह स्वयं किसी के पास जाकर खड़ा होना चाहते, तो वह व्यक्ति अभिवादन कर तुरंत वहां से चला जाता था। सभी लोगों को भय था कि कहीं उनसे बातें करने में पुलिस उन्हें ही किसी मामले में न फंसा दे, क्योंकि पुलिस सदा बिस्मिल की निगरानी करती रहती थी। अपने उन दिनों के जीवन का वर्णन उन्होंने निम्नवत् किया है-

"राजकीय घोषणा के बाद जब मैं शाहजहांपुर आया तो शहर की अद्‌भुत दशा थी। कोई पास तक खड़े होने का साहस न करता था। जिसके पास मैं जाकर खड़ा हो जाता था, वह नमस्ते कर चल देता था। पुलिस का बड़ा प्रकोप था। प्रत्येक समय वह छाया की भांति पीछे फिरा करती थी।"

इस प्रकार के वातावरण से बिस्मिल को अत्यंत दुःख हुआ। अतः उन्होंने कपड़ा बुनने का काम सीखना प्रारंभ कर दिया। इस काम में भी कठिनाई का सामना करना पड़ा। कोई भी जुलाहा काम नहीं सिखाना चाहता था। किसी तरह वह थोड़ा-बहुत काम सीख गए। इन्हीं दिनों किसी कारखाने में एक मैनेजर का पद रिक्त था। बिस्मिल ने इसके लिए प्रयत्न किया। उनकी नियुक्ति के लिए उनसे पांच सौ रुपए जमानत के रूप में मांगें गए। इस समय पांच सौ रुपयों का प्रबंध करना उनके लिए असंभव जैसा था। इस समय उनकी आर्थिक स्थिति इतनी खराब थी कि उनके पास खाने को भी कुछ नहीं था। दो-दो, तीन-तीन दिन तक भूखा रह जाना पड़ता था। वह किसी से भी कुछ न मांगने का प्रण

कर चुके थे। पिताजी की स्थिति भी ऐसी नहीं थी कि उनसे कुछ कह पाते और वह ग्वालियर से बिना पिताजी को बताए ही चले आए थे। उन्होंने अपने एक-दो मित्रों से निवेदन किया कि वे इस नौकरी के लिए मिलकर उनकी जमानत दे दें, किंतु विपत्ति के समय में कितने मित्र साथ देते हैं; उन्होंने ऐसा करने से स्पष्ट मना कर दिया इससे बिस्मिल को दुःख तो हुआ साथ ही एक सबक भी मिला कि मित्रता का दंभ भरने वाले सभी लोग मित्र नहीं होते।

वह इस नौकरी के लिए निराश हो चुके थे। किंतु सभी मित्र एक समान नहीं होते; कुछ सच्चे मित्र भी होते हैं। एक ऐसे ही मित्र ने उनकी जमानत दे दी; उन्हें नौकरी मिल गई। इससे उनकी आर्थिक स्थिति में सुधार हुआ, परिणामस्वरूप उनका मान-सम्मान भी बढ़ने लगा। बुरे समय में जिन मित्रों ने उनकी जमानत देना भी अस्वीकार कर दिया था, अब वे फिर से मित्रता का हाथ बढ़ाने लगे।

पुनः लेखन में प्रयत्नशील

इन्हीं दिनों उनकी मुलाकात अपने कुछ पूर्व परिचित सज्जनों से हुई। बिस्मिल इन लोगों का बड़ा सम्मान करते थे तथा ये भी बिस्मिल के हितैषी लोग थे। मैनपुरी कांड में बिस्मिल की फरारी से ये अवगत हो चुके थे और उनके विषय में चिंतित थे। यहां मुलाकात होने पर उन लोगों को बड़ी प्रसन्नता हुई। वे लोग बिस्मिल की लिखी हुई पुस्तकें देख चुके थे। बिस्मिल अपनी पुस्तकों को प्रकाशित करने में घाटा उठा चुके थे। उन्होंने एक नई पुस्तक 'कैथेराइन' भी लिखकर रखी थी, किंतु पूर्व घाटे को देखते हुए वह इसे प्रकाशित नहीं कर रहे थे, किंतु इसे एक प्रकाशक प्रकाशित कर चुका था। कैथेराइन को देखकर उनके ये परिचित बड़े प्रसन्न तथा प्रभावित हुए। सबने उनसे लिखते रहने को कहा। इससे बिस्मिल का उत्साह बढ़ा। इसके बाद थोड़े ही समय के अंदर उन्होंने एक अन्य पुस्तक 'स्वदेशी रंग' लिखी। यह भी शीघ्र ही प्रकाशित हो गई। फिर उन्होंने 'क्रांतिकारी जीवन' नामक एक पुस्तक लिखी, जिसके लेखन में उन्हें बड़ा परिश्रम करना पड़ा। इस पुस्तक को उन्होंने कई प्रकाशकों को दिखाया। पुस्तक देशभक्ति की भावनाओं से ओत-प्रोत तथा उत्तेजक विचारों की थी। कोई भी प्रकाशक उसे प्रकाशित करने का साहस न कर सका। उसे अवलोकनार्थ देशभर के कई बड़े-बड़े प्रकाशकों के पास भेजा गया, किंतु पुस्तक सभी स्थानों से लौट आई।

पुस्तकों के साथ कई मासिक पत्र-पत्रिकाओं में भी उनके लेख 'राम'

और 'अज्ञात' नाम से प्रकाशित होते रहते थे। महर्षि अरविंद घोष ने एक पुस्तक 'यौगिक साधना' लिखी थी। यह पुस्तक बंगला भाषा में थी। बिस्मिल ने इसका भी हिंदी में अनुवाद किया। वह इसे प्रकाशित कराना चाहते थे। इसके लिए कुछ प्रकाशकों से भी उन्होंने संपर्क किया, किंतु हर प्रकाशक उसे 'कॉपीराइट' लेकर ही प्रकाशित करना चाहता था और पारिश्रमिक बहुत ही कम देना चाहता था। अत: बनारस का एक प्रकाशक इसे प्रकाशित करने के लिए सहमत हुआ। पुस्तक उसी के पास थी। बिस्मिल आशा लगाए बैठे थे कि पुस्तक प्रकाशित हो रही है। कुछ दिन प्रतीक्षा की, किंतु कोई सूचना नहीं आई। फिर पत्र लिखे, तब भी परिणाम शून्य ही रहा। अत: उन्होंने वहीं जाकर देखा। पता चला कि प्रकाशक अपना प्रकाशन ही बंद कर चुका था और कहीं चला गया था। वह कहां गया, इस विषय में कोई कुछ न बता सका। इसके बाद उस प्रकाशक तथा पुस्तक की पांडुलिपि का कभी कुछ पता न लगा। बिस्मिल का सारा परिश्रम व्यर्थ सिद्ध हुआ।

बिस्मिल के पास स्वयं प्रकाशित कराई हुई बोलशेविकों की करतूत तथा 'मन की लहर' इन दो पुस्तकों की कुछ प्रतियां बची रह गई थीं, जिन्हें वह बेचना चाहते थे। इसके लिए कई पुस्तक विक्रेताओं से बात की, कोई भी इन पुस्तकों को लेने के लिए तैयार न हुआ। अंत में कलकत्ता के एक महोदय श्री दीनानाथ सगतिया इन्हें लेने को सहमत हुए। सभी पुस्तकें लागत से भी कम मूल्य पर उन्हें दे दी गईं। दीनानाथ सगतिया महाशय ने न तो पुस्तकों का मूल्य दिया, न पुस्तकें ही लौटाईं। बिस्मिल ने उन पर कानूनी कार्यवाही की। सगतिया पर चार सौ रुपयों की डिग्री हुई, किंतु वह भी कलकत्ता से लापता हो चुके थे। कलकत्ता के बाद वह पटना गए, वहां भी उन्होंने अपनी आदतों के अनुसार वही खेल खेला; कई लोगों का पैसा हड़पकर वहां से भी गायब हो गए। फिर उनका भी कुछ पता न चल सका, अत: बिस्मिल की सारी किताबें बिना मूल्य चली गईं। अब आगे उन्होंने ऐसे लोगों से सावधान रहने का निश्चय किया।

धूर्तों के संगठन से बचें

बिस्मिल के कुछ परिचितों ने उन्हें परामर्श दिया कि वह पुन: क्रांतिकारी दल का संगठन करें, अपने इन परिचितों को वह अत्यंत श्रद्धा की दृष्टि से देखते थे। मैनपुरी षड्यंत्र की घटनाओं से इस प्रकार के संगठनों से उनका विश्वास उठ गया था। उनकी उदासीनता देखकर उन लोगों ने बिस्मिल को अनेक प्रकार से समझाया और कहा कि वह (बिस्मिल) केवल निरीक्षण का

कार्य देखना स्वीकार कर लें, अन्य काम वे (अन्य सदस्य) स्वयं कर लेंगे। उन लोगों ने यह भी कहा कि 'अब संगठन के लिए धन की कमी न होगी, सदस्य भी काफी हो गए हैं।' इस प्रकार अनुनय विनय किए जाने पर बिस्मिल इस कार्य के लिए मान गए।

बिस्मिल ने अपने हथियार भी उन लोगों को दे दिए। उन लोगों ने बिस्मिल को अपने दल के नेता से मिलाया। उसकी खूब प्रशंसा की, किंतु बिस्मिल ने अनुभव किया कि वह नेता एकदम एक अशिक्षित एवं गंवार जैसा व्यक्ति था। वह समझ गए कि यह एक धूर्तों की चौकड़ी मात्र थी। उस नेता ने भी बिस्मिल से दल के कार्यों का निरीक्षण करने की प्रार्थना की। इस संगठन में कुछ भूतपूर्व सैनिक भी थे। बिस्मिल ने इसके कार्यों का निरीक्षण किया, तो उन्हें लगा कि यह दल कुछ नहीं कर पाएगा। अतः वह इससे दूर ही रहने लगे।

शीघ्र ही इस दल का भांडा फूट गया। दल का नेता एक दिन रिवॉल्वर की नोक पर दल के अड्डे में एक वेश्या को बलपूर्वक उठा लाया। नेता के इस कार्य का दल के एक सदस्य ने जमकर विरोध किया। उसने इसकी सूचना बिस्मिल के पास भी भिजवा दी। बिस्मिल कुछ करते इससे पहले ही इस दल के नेता के एक खास आदमी को पुलिस ने पकड़ लिया। उसने पुलिस को दल के नेता का नाम भी बता दिया। पुलिस ने तत्काल छापा मारकर नेता महोदय को कुछ आभूषणों तथा रिवॉल्वर सहित गिरफ्तार कर लिया। नेता कितना बहादुर था, इस बात का अनुमान सहज ही लगाया जा सकता है। उसने दल के कई लोगों के नाम तुरंत पुलिस को बता दिए तथा स्वयं अपना अपराध भी स्वीकार कर लिया। इसी दल का एक अन्य सदस्य, जो बड़ा साहसी था, पुलिस उसके पीछे पड़ गई। एक दिन वह अपने घर में छिपा था। पुलिस वालों ने घर को घेर लिया। वह व्यक्ति घर की छत पर चढ़ गया। वहां से उसने अपनी दो नाल वाली कारतूसी बंदूक से लगातार तीन सौ फायर किए। पुलिस वाले डर गए। उन्होंने समझ लिया कि घर में बहुत सारे व्यक्ति हैं। अतः किसी को घर में घुसने का साहस न हुआ। सबने बाहर ही मोर्चा ले लिया। उस व्यक्ति ने अपनी पत्नी को एक बंदूक दे दी और स्वयं पुलिस को चकमा देकर भाग गया। थोड़ी सी आहट होने पर उसकी पत्नी गोली चला देती थी। पुलिस वाले समझते रहे कि वह व्यक्ति घर में ही था। वहां से भागकर वह जंगल में पहुंच गया। वहां वह किसी दूसरे दल से मिल गया। वहां भी उसका एक बार पुलिस से सामना हो गया। दोनों ओर से गोलियां चलीं। कई लोग मारे गए। पूरा दल छिन्न-भिन्न हो गया। इस व्यक्ति के पांव में भी छर्रे लगे। इसी घायल अवस्था

में वह कुछ साथियों को लेकर शाहजहांपुर आया। उन्होंने बिस्मिल का पता लगाया और उनके पास पहुंच गए। वे उन्हीं के पास रहना चाहते थे, किंतु उन्हें अपने पास रखना स्वयं बिस्मिल के लिए भी खतरनाक था, अत: बिस्मिल ने उन्हें सारी स्थिति अच्छी तरह से समझाई। तब वे व्यक्ति वहां से चले गए।

यहां से जाने के बाद ये लोग पुन: जंगल में पहुंच गए और किसी अन्य दल में मिल गए। वस्तुत: ये लोग कोई क्रांतिकारी न होकर अपराधी प्रवृत्ति के व्यक्ति थे। नए दल का नेता भी इनके कार्यों को सहन नहीं कर सका। इनकी बुरी आदतों से तंग आकर इन्हें गोली मार दी। इस दल में भी संगठन एवं अनुशासन का अभाव था। दल में परस्पर मनमुटाव चलता रहता था। हर सदस्य नेता बनने का इच्छुक था। अत: इस दल के किसी सदस्य ने एक बार अवसर पाकर नेता को ही गोली मार दी। अंतत: इस दल का नामोनिशान ही मिट गया। इसके कई सदस्य पुलिस द्वारा बंदी बना लिए गए। उन पर डकैतियों के अभियोग में मुकदमे चले। अनेक को बहुत ही लंबी कैद की सजाएं मिलीं, किसी को बीस वर्ष, किसी को तीस वर्ष, किसी को पचास वर्ष। उन्होंने एक निर्दोष व्यक्ति को अपनी शत्रुता के कारण फंसा दिया। उसने कभी किसी डकैती में भाग नहीं लिया था, कई बार पुलिस से मुठभेड़ें की थीं और उसके पास डकैती का बहुत सारा सामान भी मिला था, उसे भी फांसी की सजा सुनाई गई। उसने फिर अपील की, अच्छा वकील रखा तथा पुलिस वालों की भी जेब गरम की। पुलिस वालों ने उसकी शिनाख्त न होने दी और अच्छी पैरवी हुई। अत: उसकी फांसी माफ हो गई, केवल पांच वर्ष की कैद की सजा हुई।

ठग से सामना

उपर्युक्त घटना के बाद बिस्मिल को उसके एक मित्र ने बताया कि उसकी मुलाकात एक नोट बनाने वाले व्यक्ति से हुई थी। मित्र ने उस व्यक्ति की खूब प्रशंसा की। वह उस व्यक्ति की कला से अत्यधिक प्रभावित थे। इस पर बिस्मिल ने भी उस व्यक्ति की कला देखने की इच्छा व्यक्त की और अपने मित्र के साथ उस व्यक्ति से मिले। उस व्यक्ति ने भी अपनी कला की प्रशंसा के पुल बांधे। बिस्मिल उसकी कला देखना चाहते थे, अत: उसे हर प्रकार की सहायता देने के लिए सहमत हो गए। उसने जो-जो चीजें बताईं, बिस्मिल ने सारा प्रबंध कर दिया। इसके साथ ही बिस्मिल ने उसके सामने एक शर्त रख दी कि नोट बनाते समय वह स्वयं भी वहां पर उपस्थित रहेंगे। उन्हें कुछ न बताया जाए बस, वह केवल नोट बनाने की विधि देखते रहेंगे। वह व्यक्ति भी इस पर सहमत

हो गया।

नोट बनाने का काम आरंभ हुआ। वह व्यक्ति पहले दस रुपए का नोट बनाना चाहता था। इसके लिए उसने बिस्मिल से एक दस रुपए का नया और साफ नोट लिया। इसके अतिरिक्त नौ रुपए अन्य सामान खरीदने के लिए मांगे। उसी व्यक्ति ने इस काम के लिए रात्रि का समय निश्चित किया। वह नोट बनाने के कार्य में जुट गया। बिस्मिल उसकी कार्यप्रणाली का सूक्ष्मता से निरीक्षण करने लगे। वह व्यक्ति कुछ कागज, दो शीशे तथा दो शीशियां लाया था। शीशियों में कोई रसायन भरे थे। एक प्लेट में पानी भरा गया। उसमें शीशियों का रसायन डाला और मिलाया गया। फिर उस घोल में सादे कागज भिगोए गए। इसके बाद बिस्मिल से लिया गया दस रुपए का नोट सादे कागजों में लपेटा गया और उसकी एक पुड़िया जैसी बनाई गई। फिर उस व्यक्ति ने उस पुड़िया को अपने ही एक साथी को दी कि वह उसे आग पर गर्म करे। आग उस स्थान से कुछ दूरी पर जलाई गई थी। उस व्यक्ति का साथी उस पुड़िया को कुछ देर तक गर्म करता रहा। गर्म करने के बाद उसने वह पुड़िया उसी व्यक्ति को दे दी। उस व्यक्ति ने वह पुड़िया खोली और फिर नोट को दो शीशों के बीच में दबाकर शीशी के रसायन से धोया। इसके बाद शीशों को डोरे से कसकर बांध दिया। इसके पश्चात् बिस्मिल से कहा कि नोट बनने में दो घंटे का समय लग जाएगा। शीशे रख दिए गए। फिर वह व्यक्ति बड़ी-बड़ी लच्छेदार बातें करने लगा कि नोट बनाने में बड़ा समय और धन खर्च होता है। छोटे नोट बनाने में कोई लाभ नहीं होता; इसलिए सौ या हजार के नोट बनाने चाहिएं इत्यादि। उसने बिस्मिल को भी नोट बनाने की कला सिखा देने का वचन दिया। किसी आवश्यक कार्य के लिए बिस्मिल को कहीं जाना था, अत: दो घंटे वहां बैठना बेकार समझकर वह वहां से चले गए। उनके साथ ही वह व्यक्ति भी चला गया।

बिस्मिल ने मुद्रण का काम भी सीखा था। थोड़ी बहुत फोटोग्राफी भी जानते थे। कुछ विज्ञान का भी अध्ययन किया था। वह सोचने लगे कि नोट के ऊपर सादा कागज रखने से नोट आखिर कैसे बन जाएगा। मान लिया जाए कि रसायनों से वह दूसरे कागज पर छप जाएगा, तो उसे उल्टा छपना चाहिए। आखिर नंबर कैसे छप जाएंगे। उन्हें इस पर विश्वास न हुआ। उन्होंने रिवॉल्वर भरकर अपनी जेब में रख लिया और दो घंटे बाद वहां पहुंच गए। कुछ देर बाद वह व्यक्ति भी आ गया। उसने डोर से बंधे शीशे उठाए। उन्हें खोलकर कागज को फिर किसी रसायन से धोया। दोनों कागज खोले गए। वास्तव में दो दस के

नोट निकले; एक बिस्मिल का दिया हुआ और दूसरा ऊपर। दोनों को सुखाया गया। वह व्यक्ति दोनों नोट बिस्मिल को देता हुआ बोला, "देखिए कितना साफ नोट हैं।" बिस्मिल ने दोनों नोट हाथ में लिए। नोटों को अच्छी तरह से देखा। दोनों नोट असली थे, किंतु उनके नंबर अलग-अलग थे। बात साफ धोखेबाजी की थी। बिस्मिल ने अपना रिवॉल्वर निकालकर उसके सीने पर रख दिया और बोले, "बदमाश ठगता है।" उस व्यक्ति के होश हवा हो गए। फिर बिस्मिल ने उससे एक शपथ पत्र लिखवाया और उस पर उसकी दसों अंगुलियों के निशान लगवाए। अपने साथियों को तमाशा दिखाने के लिए उसका सारा सामान जब्त कर लिया। बिस्मिल उस ठग की चालाकी समझ गए थे। वास्तव में जब ठग नोट को कागज में पुड़िया बनाकर अपने साथी को गर्म करने के लिए देता था, तो गर्म करते समय वह उस पुड़िया को बदल देता था। बदले कागज को ये लोग शीशे के बीच में बांध देते थे और दो घंटे की प्रतीक्षा करने के लिए कहते तथा स्वयं भाग जाते। इस तरह दुगुने करने के लालच में आया व्यक्ति ठगा जाता। हां पहले उसे विश्वास दिलाने के लिए पुड़िया बदलते समय उसमें दूसरा नोट रख दिया जाता था। दोनों नोट ग्राहक को दे दिए जाते, जिन्हें वह आसानी से बाजार में चला लेता। इस विषय में बिस्मिल ने स्वयं लिखा है-

"इस प्रकार का एक बड़ा भारी दल है, जो सारे भारतवर्ष में ठगी का काम करके हजारों रुपए पैदा करता है। पहले दस का नोट बनाकर दिया। वे बाजार में बेच आए... जैसे तैसे करके बेचारा एक हजार का नोट लाया। सादा कागज रखकर शीशे में बांध दिया। हजार का नोट जेब में रखा और चम्पत हो गए। किंतु ये लोग पुलिस को नियमपूर्वक चौथ देते हैं।"

छद्म क्रांतिकारियों से बचें

अपने सेवाकाल के इन्हीं दिनों बिस्मिल का संपर्क कुछ ऐसे लोगों से हुआ जो स्वयं को क्रांतिकारी बताते थे। इन्होंने एक गुप्त संगठन बनाया था। ये लोग बिस्मिल से मिले और अपने संगठन के नियम आदि से उन्हें परिचित कराया। इनके नियम बड़े विचित्र थे। जैसे संगठन के एक कोष की स्थापना करना और उसमें से प्रत्येक सदस्य को हर महीने एक निश्चित धनराशि का दिया जाना। कोष की स्थापना के लिए डाके डाले जाएं। डाकों से प्राप्त धन का आधा हिस्सा कोष में जमा कर दिया जाए और आधा संगठन के सभी सदस्यों के बीच बराबर बांट दिया जाए। बिस्मिल इस प्रकार के संगठन को केवल एक धोखा समझते थे। वह स्वयं इससे पूर्व मातृवेदी के सदस्य रह चुके थे। वहां ऐसा कोई नियम

नहीं था कि सदस्यों को कुछ दिया जाए, वहां तो सभी युवक अपने खर्च से कुछ हिस्सा स्वयं संगठन को देते थे। बिस्मिल के अनुसार इस प्रकार पैसा लेकर दल का काम करने वाले सदस्य केवल भाड़े के टट्टू थे। अतः उन्होंने ऐसे नियमों से अपनी असहमति प्रकट की। उनका कहना था कि इस तरह सदस्यों को कोष से खर्च देने से अच्छा है कि उन्हें किसी व्यवसाय में लगा दिया जाए, तभी वे लोग स्वावलम्बी होकर दल का कार्य अच्छी तरह कर सकते हैं। पैसा लेकर दल के लिए कार्य करने वाले लोग विश्वसनीय नहीं हो सकते। इस सब पर विचार करने के बाद उन्होंने ऐसे संगठन में कार्य करना स्वीकार नहीं किया। बिस्मिल व्यक्तिगत कार्यों में दल का धन खर्च करना पाप समझते थे। इन छद्म (नकली छिपे हुए) क्रांतिकारियों की आलोचना करते हुए उन्होंने लिखा है-

"मैं कुछ समझ न सका कि जो लोग मुझमें इतनी श्रद्धा रखते थे, जिन्होंने कई प्रकार की आशाएं लेकर मुझसे क्रांतिकारी दल का पुनर्गठन करने की प्रार्थना की थी, अनेकों प्रकार की उम्मीदें बंधाई थीं, सब कार्य स्वयं करने के वचन दिए थे, वे लोग ही मुझसे इस प्रकार के नियम बनाने की मांग करने लगे। मुझे बड़ा आश्चर्य हुआ। प्रथम प्रयत्न में, जिस समय मैं मैनपुरी षड्यंत्र के सदस्यों के सहित कार्य करता था, उस समय हममें से कोई भी अपने व्यक्तिगत (प्राइवेट) खर्च में समिति का धन व्यय करना पूर्ण पाप समझता था। जहां तक हो सकता अपने खर्च के लिए माता-पिता से कुछ लाकर प्रत्येक सदस्य समिति के कार्यों में धन व्यय किया करता था। इस कारण मेरा साहस इस प्रकार के नियमों में सहमत होने का न हो सका। मैंने विचार किया कि यदि कोई समय आया और किसी प्रकार अधिक धन प्राप्त हुआ, तो कुछ सदस्य ऐसे स्वार्थी हो सकते हैं, जो अधिक धन लेने की इच्छा करें और आपस में वैमनस्य बढ़े। उसके परिणाम बड़े भयंकर हो सकते हैं।"

बिस्मिल द्वारा इस संगठन को किसी प्रकार का सहयोग देना अस्वीकार कर दिए जाने पर इन लोगों ने एक योजना बनाई। उन्होंने आपस में तय किया कि बिस्मिल जो नियम बनाएं, सब स्वीकार कर लिए जाएं। इस प्रकार उन्हें विश्वास में लेकर उनके सभी हथियारों पर अधिकार कर लिया जाए। हथियारों पर अधिकार हो जाने पर फिर उनकी कोई बात न मानी जाए और विवाद होने पर उन्हें मार दिया जाए। संगठन के तीन सदस्य इस योजना को बनाने में थे, किंतु एक सदस्य ने यह राज बिस्मिल को बता दिया। बिस्मिल के साथ इससे पहले भी इलाहाबाद में उनके तीन साथी विश्वासघात कर चुके थे, अतः वह

सावधान रहने लगे।

अब उन्होंने कुछ समय के लिए इस प्रकार की गतिविधियों से ध्यान हटा लिया। नौकरी करते रहे, क्योंकि घर के कार्यों में भी ध्यान देना आवश्यक था। इसी समय उन्होंने अपनी अंतिम छोटी बहिन का विवाह बड़ी धूमधाम के साथ एक जमींदार परिवार में किया। अब उनके परिवार में उन्हें मिलाकर दादी, मां, पिता तथा छोटा भाई सुशील कुल पांच सदस्य थे। इस समय उनकी मां ने उनसे विवाह कर लेने को कहा, किंतु बिस्मिल की दृष्टि में विवाह करने से पूर्व आर्थिक रूप में समर्थ हो जाना नितांत आवश्यक था। अत: उन्होंने विवाह करना अस्वीकार कर दिया।

स्वतंत्र व्यवसाय

बहिन का विवाह हो जाने के बाद बिस्मिल ने नौकरी से त्यागपत्र दे दिया और किसी मित्र के साथ मिलकर रेशमी कपड़ा बुनने का उद्योग प्रारंभ किया। इसे सफल बनाने में उन्होंने अत्यधिक परिश्रम से काम किया। परिणामस्वरूप थोड़े ही समय में उद्योग ने अच्छी उन्नति कर ली। केवल तीन-चार हजार रुपयों से यह व्यवसाय प्रारंभ किया था। इसमें पहले ही वर्ष सभी खर्चों को निकालकर दो हजार रुपयों का लाभ हुआ। उस समय सन् 1920-21 में दो हजार की धनराशि आज की तुलना में बहुत बड़ी थी। इससे बिस्मिल का उत्साह बढ़ा, अत: उन्होंने इसके साथ ही कुछ और व्यवसाय भी आरंभ कर दिए।

रामप्रसाद बिस्मिल मूलत: एक क्रांतिकारी थे, भले ही अपनी पारिवारिक आवश्यकताओं की पूर्ति के लिए उन्हें व्यवसाय करना पड़ा, किंतु यह उनके जीवन का लक्ष्य नहीं था। तभी उन्हें पता लगा कि संयुक्त प्रांत में क्रांतिकारी पुन: दल का संगठन कर रहे हैं। उनसे भी क्रांतिकारियों ने संपर्क स्थापित किया। बिस्मिल ने इस दल में सम्मिलित होने का निश्चय किया। अत: वह कारोबार से मुक्त होने के विषय में विचार करने लगे।

षष्ठ अध्याय
पुनः क्रियाशील

प्रथम विश्वयुद्ध के समय उत्तरी भारत में क्रांतिकारी आंदोलनों की गतिविधियां अपनी चरम सीमा पर थीं। रासबिहारी बोस, भाई परमानंद, लाला हरदयाल, ओबेदुल्ला, बाबा सोहनसिंह आदि सुप्रसिद्ध वीर उत्तरी भारत की ही देन रहे हैं। सन् 1915 के बनारस षड्यंत्र में भी शचीन्द्रनाथ सान्याल को काले पानी की सजा मिली थी। प्रथम महायुद्ध में राजनीतिक बंदियों को आम माफी मिलने पर फरवरी 1920 में वह भी मुक्त कर दिए गए। इस समय क्रांतिकारी गतिविधियां प्रायः शांत जैसी हो गई थीं। चौरीचौरा की घटना पर महात्मा गांधी ने असहयोग आंदोलन वापस ले लिया था। ऐसे समय में देश के युवा वर्ग के मन में एक विचित्र-सी बेचैनी थी। इस बेचैनी को शचीन्द्रनाथ सान्याल ने पहचाना। अतः उन्होंने क्रांतिकारियों का संगठन करने का निश्चय किया। अपने इस निश्चय को कार्यरूप देने के लिए उन्होंने एक क्रांतिकारी दल की स्थापना की। इस दल के संगठन में वह प्राणार्पण से जुट गए। धीरे-धीरे दल सुदृढ़ होने लगा। इसकी प्रांतीय समिति भी बन गई। प्रांतीय समिति के सदस्यों की नियुक्ति भी की गई। इस प्रकार अल्प समय में ही इस दल ने पर्याप्त उन्नति कर ली।

हिन्दुस्तान गणतांत्रिक संघ

जिन दिनों शचीन्द्रनाथ सान्याल संयुक्त प्रांत में अपने नए क्रांतिकारी दल का संगठन कर रहे थे, उन्हीं दिनों बंगाल में अनुशीलन समिति नामक क्रांतिकारियों का एक संगठन भी क्रियाशील था। शचीन्द्रनाथ सान्याल का मुख्य केंद्र बनारस था। बनारस में अनुशीलन समिति पहले ही कल्याण आश्रम की स्थापना कर चुकी थी। यह आश्रम दिखाने के लिए तो एक धार्मिक संस्था थी, किंतु वास्तव में यह अनुशीलन समति का कार्यालय था। इसमें बाहर के कमरे में कुछ लोग हारमोनियम, तबला आदि बजाते हुए कीर्तन करते तथा अंदर दल की गुप्त बैठकें होतीं। कुछ समय तक शचीन्द्र बाबू का क्रांतिकारी दल तथा अनुशीलन समिति अलग-अलग कार्य करते रहे। दोनों ही दलों के उद्देश्य समान

थे। अतः इनके नेताओं ने दोनों को मिलाकर नया दल बनाने का विचार किया। इसमें पहल बंगाल की अनुशीलन समिति ने ही की। काफी दिनों तक विचारों का एक-दूसरे से आदान-प्रदान होने पर अंत में दोनों दल मिल गए। दोनों के विलय से बने नवीन क्रांतिकारी दल का नाम रखा गया-'हिन्दुस्तान रिपब्लिकन एसोसिएशन' अर्थात् 'हिन्दुस्तान गणतांत्रिक संघ'।

हिन्दुस्तान गणतांत्रिक संघ का एक संविधान बनाया गया तथा इसके लक्ष्य भी घोषित किए गए। इसका मुख्य लक्ष्य एक संगठित क्रांति द्वारा भारतीय राज्यों का एक गणतांत्रिक संघ स्थापित करना था। यह भी स्पष्ट किया गया था कि सभी राज्यों को आंतरिक मामलों में पूर्णतया स्वायत्तता प्राप्त होगी, प्रत्येक वयस्क और सही मस्तिष्क वाले नागरिक को मत देने का अधिकार होगा तथा शोषण रहित समाज की स्थापना की जाएगी। यद्यपि स्पष्ट रूप में इन लक्ष्यों पर रूस की क्रांति का प्रभाव है, किंतु श्री मन्मथनाथ गुप्त के अनुसार ये लक्ष्य प्राचीन भारतीय ऋषियों के आदर्श पर थे-

"यह सब बातें होते हुए भी यह नहीं कहा जा सकता कि इस विधान के बनाने वालों का आदर्श सोवियत रूस या किसान मजदूर वर्ग का अधिनायकत्व था। इस षड्यंत्र के सिलसिले में बहुत दिनों बाद जाकर अर्थात् जनवरी सन् 1925, में एक क्रांतिकारी पर्चा बांटा गया था, जिसका नाम The Revolutionary (क्रांतिकारी) था। उसमें यह लिखा अवश्य था कि हमारे सामने आधुनिक रूस का आदर्श है, किंतु लेखक ने इस वक्तव्य के संपूर्ण अर्थ को न समझकर ऐसा लिखा था। जहां उसमें यह बात थी कि रूस का आदर्श हमारे सम्मुख है, वहां यह बात भी थी कि प्राचीन ऋषियों का आदर्श हमारे सम्मुख है। इससे भी यही सूचित होता है कि लेखक ने रूस के आदर्श को नहीं समझा था। केवल वह ही नहीं, उस युग का कोई भी व्यक्ति इस आदर्श को नहीं समझता था।"

बिस्मिल नए क्रांतिकारी दल में

यद्यपि पूर्ववर्णित क्रांतिकारियों के दलों की भूमिका से बिस्मिल को ऐसे कार्यों से विरक्ति जैसी हो गई थी। इस समय उनका निजी व्यवसाय उन्नति कर रहा था। फिर भी उनके अचेतन मन में देशप्रेम की भावना विद्यमान थी, अतः वह पुनः इस क्षेत्र में आए। उन्होंने स्वयं लिखा है-

"यद्यपि मैं अपना निश्चय कर चुका था कि अब इस प्रकार के कार्यों में कोई भाग नहीं लूंगा, तथापि मुझे पुनः क्रांतिकारी आंदोलन में हाथ डालना पड़ा, जिसका कारण यह था कि मेरी तृष्णा न बुझी थी, मेरे दिल के अरमान

न निकले थे। असहयोग आंदोलन शिथिल हो चुका था। पूर्ण आशा थी कि जितने देश के नवयुवक इस आंदोलन में भाग लेते थे, उसमें अधिकतर क्रांतिकारी आंदोलन में सहायता देंगे और पूरी लगन से काम करेंगे...।"

पंडित रामप्रसाद बिस्मिल के मनो-मस्तिष्क में विचारों का यह मंथन चल रहा था, अत: वह स्वंय क्रांतिकारी दल के संगठन का विचार कर रहे थे। इन्हीं दिनों उन्हें ज्ञात हुआ कि संयुक्त प्रांत के क्रांतिकारियों का कोई संगठन बन चुका है। इन्हीं दिनों बंगाल की अनुशीलन समिति के प्रतिनिधि योगेशचंद्र चटर्जी, जो अब 'हिन्दुस्तान गणतांत्रिक संघ' के सदस्य थे, संयुक्त प्रांत में नए दल के संगठन में प्रयत्नशील थे। योगेशचंद्र चटर्जी 1923 के मध्य कानपुर पहुंचे, वहां वह श्री रामदुलारे त्रिवेदी से मिले और उन्होंने दल के संगठन के विषय में बातें कीं। संभवत: यहीं इन दोनों महानुभावों ने रामप्रसाद बिस्मिल को भी दल में सम्मिलित करने का निर्णय लिया, क्योंकि बिस्मिल एक अनुभवी क्रांतिकारी थे। मैनपुरी षड्यंत्र से पूर्व उन्हें हथियारों की खरीद, उनका रख-रखाव तथा डकैती आदि का ज्ञान हो चुका था। अत: ऐसे व्यक्ति की दल में अत्यंत आवश्यकता थी।

इन्हीं बातों पर विचार करके योगेशचंद्र चटर्जी तथा रामदुलारे त्रिवेदी दोनों शाहजहांपुर पहुंचे। वहां उन्होंने बिस्मिल से दल में सम्मिलित हो जाने को कहा। बिस्मिल सहमत हो गए, किंतु इस समय वह अपने व्यवसाय को अकेले देखते थे। अत: उन्होंने दल में सम्मिलित होने के लिए छह महीने का समय मांगा। इन छह माहों में उन्होंने उद्योग का काम अपने साझेदार को समझा दिया और सभी कार्य का उत्तरदायित्व साझीदार को सौंपकर स्वतंत्रता पूर्वक मातृभूमि की सेवा करने निकल पड़े तथा 'हिन्दुस्तान गणतांत्रिक संघ' के सदस्य बन गए। यहां से उनके जीवन का एक नवीन अध्याय शुरू होता है।

दल की आर्थिक समस्या

भौतिक आवश्यकताओं की पूर्ति के लिए धन नितांत आवश्यक है। इसके बिना किसी भी व्यक्ति अथवा संगठन का कार्य नहीं चल सकता। पंडित बिस्मिल जिस समय 'हिन्दुस्तान गणतांत्रिक संघ' के सदस्य बने, उस समय इस दल के पास भी आय के स्रोतों का प्राय: अभाव जैसा था। यदि क्रांतिकारियों के पास आय के स्रोतों का अभाव नहीं होता, तो उनके आंदोलन का इतिहास आज कुछ और ही होता। पंडित बिस्मिल का स्पष्ट मत है कि यदि क्रांतिकारियों के पास प्रचुर धन होता, तो वे असहयोग आंदोलन के कार्यकर्ताओं

को भी अपने दल में मिला सकते थे-

"जब कार्य आरंभ हो गया और असहयोगियों को टटोला तो वे आंदोलन से कहीं अधिक शिथिल हो चुके थे। उनकी आशाओं पर पानी फिर चुका था। निजी पूंजी समाप्त हो चुकी थी। घर में व्रत हो रहे थे। आगे की भी कोई विशेष आशा न थी। कांग्रेस में भी स्वराज्य दल का जोर हो गया था। जिनके पास कुछ धन तथा इष्ट मित्रों का संगठन था, वे काउंसिल तथा असेंबली के सदस्य बन गए थे। ऐसी अवस्था में यदि क्रांतिकारी संगठनकर्ताओं के पास पर्याप्त धन होता, तो वे असहयोगियों को अपने हाथ में लेकर उनसे काम ले सकते थे। जितना भी सच्चा काम करने वाला हो, किंतु पेट तो सबके हैं।"

स्वतंत्रता आंदोलन में कांग्रेस को चंदे के रूप में देश के बड़े-बड़े पूंजीपतियों से भारी धनराशि प्राप्त होती थी, किंतु क्रांतिकारियों के पास आय के ऐसे कोई स्रोत नहीं थे। फिर भी कुछ ऐसे लोग अवश्य थे, जो क्रांतिकारियों से सहानुभूति रखते थे तथा यदा-कदा कुछ आर्थिक सहायता भी देते रहते थे। क्रांतिकारियों की आर्थिक सहायता करने वालों में पंडित मोतीलाल नेहरू, राजर्षि पुरुषोत्तमदास टंडन, उपन्यासकार शरच्चंद्र, कलकत्ता के अटार्नी जनरल सर एस.एन. सरकार आदि के नाम विशेष रूप से उल्लेखनीय हैं। राजर्षि टंडन जब भी क्रांतिकारियों को आवश्यकता होती, अपनी सामर्थ्य के अनुसार अधिकाधिक सहायता करते थे।

'हिन्दुस्तान गणतांत्रिक संघ' की प्रत्येक जिले में शाखाएं खोलने की योजना बनी; हर जिले में दल का कार्यालय खोला गया और संगठन कर्ताओं की नियुक्ति की गई, जिन्हें कुछ मासिक खर्च दिया जाता रहा, जो नाममात्र का ही होता था। पांच-दस महीनों तक तो किसी प्रकार यह खर्चा दिया जाता रहा, किंतु बाद में इसे दे सकना भी दल के लिए असंभव जैसा हो गया। दल को हथियार भी खरीदने पड़ते थे। इन्हें एक स्थान से दूसरे स्थान पर ले जाना भी बड़ा कठिन कार्य था। इसके लिए रेल में प्रथम या द्वितीय श्रेणी का टिकट लेना पड़ता था, जिस पर भारी खर्चा आता था।

बिस्मिल पर आर्थिक उत्तरदायित्व

दल की आर्थिक स्थिति तथा हथियारों आदि के क्रय का उत्तरदायित्व बिस्मिल पर था। सभी जिलों के कार्यकर्ताओं को भयंकर कठिनाइयों का सामना करना पड़ता था। दल को नियमित आर्थिक सहायता देने वाले लोगों ने भी सहायता देना बंद कर दिया था। सभी जिलों के कार्यकर्ता मासिक खर्च की

मांग कर रहे थे। इनमें से कई बिस्मिल से मिले, उन्होंने अपनी कठिनाइयों को उनके सामने रखा। कई कार्यकर्ताओं पर कर्ज भी हो चुका था; कई दूसरे कार्यकर्ताओं ने दल भी छोड़ दिया। बड़ी विकट समस्या थी। पहले बिस्मिल ने स्वयं कर्ज लेकर भी सभी जिलों के कार्यकर्ताओं को एक माह का खर्च भी दिया, किंतु बाद में यह भी असंभव हो गया; आखिर कर्जा लेकर कब तक काम चलाया जा सकता था। किसी तरह बिस्मिल उन्हें समझाते रहे। इसी समय बंगाल आर्डीनेंस लागू हुआ। इससे अनेक सदस्य गिरफ्तार कर लिए गए। इन सब परिस्थितियों को देखते हुए दल के सदस्य उदासीन जैसे होने लगे। दल ने प्रत्येक जिले के संगठनकर्ता को परामर्श दिया कि सदस्य चंदा एकत्रित करें, किंतु इसका भी कुछ प्रभाव न हुआ। कुछ नौकरी करने वाले लोगों से निवेदन किया गया कि वे अपने मासिक वेतन से कुछ अंश दल को दें, किंतु इसका भी कोई परिणाम न निकला। हर जिले के सदस्यों के पत्र बिस्मिल के पास पहुंचते तथा कुछ सदस्य स्वयं आकर उनसे मिलते। सभी की समस्याएँ आर्थिक ही थीं।

दल की हालत यहां तक पहुंच गई कि सदस्यों के भूखे मरने की स्थिति आ गई। इस स्थिति का वर्णन करते हुए बिस्मिल ने अपनी आत्मकथा में लिखा है-

"इस समय समिति के सदस्यों की दुर्दशा बड़ी दयनीय थी। चने मिलना भी कठिन था। सब पर कुछ न कुछ कर्ज हो गया था। किसी के पास साबुत कपड़े तक न थे। कुछ विद्यार्थी बनकर धर्म क्षेत्रों तक में भोजन कर आते थे। चार-पांच ने अपने-अपने केंद्र त्याग दिए। पांच सौ से अधिक रुपए मैं कर्ज लेकर व्यय कर चुका था। यह दुर्दशा देख मुझे बड़ा कष्ट होने लगा। मुझसे भी भरपेट भोजन नहीं किया जाता था। सहायता के लिए कुछ सहानुभूति रखने वालों का द्वार खटखटाया, किंतु कोरा उत्तर मिला। किंकर्त्तव्यविमूढ़ था। कुछ समझ में न आता था। कोमल हृदय नवयुवक मेरे चारों ओर बैठकर कहा करते-"पंडित जी अब क्या करें?" मैं उनके सूखे मुख देखकर बहुधा रो पड़ता था कि स्वदेश सेवा का व्रत लेने के कारण फकीरों से भी बुरी दशा हो रही है। एक-एक कुर्ता तथा धोती भी ऐसी नहीं थी, जो साबुत होती। लंगोट बांधकर दिन व्यतीत करते थे। अंगोछे पहनकर नहाते थे, एक समय क्षेत्र में भोजन करते थे, एक समय दो-दो पैसे के सत्तू खाते थे। मैं पंद्रह वर्ष से एक समय दूध पीता था। इन लोगों की यह दशा देखकर मुझे दूध पीने का साहस न होता था। मैं भी सबके साथ बैठकर सत्तू खा लेता था। मैंने विचार किया कि इतने नवयुवकों का जीवन नष्ट करके

उन्हें कहां भेजा जाए? जब समिति का सदस्य बनाया, तो लोगों ने बड़ी-बड़ी आशाएं बंधाई थीं। कइयों का पढ़ना-लिखना छुड़ाकर काम में लगा दिया था। पहले से मुझे यह हालत मालूम होती, तो मैं कदापि इस प्रकार की समिति में योग न देता। बुरा फंसा। क्या करूं, कुछ समझ में न आता था। अंत में धैर्य धारण कर दृढ़तापूर्वक कार्य करने का निश्चय किया।"

इस प्रकार कठिनाइयों का सामना करते हुए बिस्मिल पुन: दल के संगठन में लग गए। दल के सभी केंद्रों में हथियारों का एक अच्छा खासा भंडार जमा हो गया।

क्रांतिकारी पर्चा

दल के सभी केंद्रों में हथियारों का भंडार जमा हो जाने पर दल ने कोई विशेष कार्य करने का निश्चय किया, जिससे सरकार को दल की शक्ति का परिचय मिले। अत: योजना बनी कि एक ही दिन पूरे उत्तरी भारत में एक साथ क्रांतिकारी पर्चे वितरित किए जाएं। यह पर्चा पीले रंग के कागज का था, जिसमें जनता से प्रार्थना की गई थी कि वह अंग्रेजी सरकार के विरुद्ध विद्रोह कर दे। इसमें दल के उद्देश्यों का उल्लेख करते हुए कहा गया था कि क्रांतिकारियों के सामने रूस का आदर्श था। पर्चों को एक ही दिन सभी जिलों में लगाना नितांत आवश्यक था, ऐसा न होने पर इनके जब्त होने का भय था। हर एक स्थान पर अलग-अलग दिन लगाने में पुलिस सावधान हो जाती और एक बार पर्चा लगते ही दूसरी बार दूसरी जगह लगाना कठिन हो जाता। इससे जनता क्रांतिकारियों के उद्देश्यों से परिचित भी न हो पाती। अत: इसके लिए पूरी तैयारी कर ली गई। पर्चे छपवाकर विभिन्न केंद्रों पर भेज दिए गए। जनवरी 1925 की एक सुबह रंगून से लेकर पेशावर तक ये पर्चे प्रत्येक जिला मुख्यालय के दरवाजे पर, हर स्कूल, कॉलेज, मंदिर, मस्जिद, चर्च, गुरुद्वारे, बाजार तथा सभी सार्वजनिक स्थानों पर एक साथ चिपके हुए पाए गए। इसके साथ ही दल के कुछ सदस्यों ने कुछ पर्चे हाथों हाथ भी बांट डाले। सब कुछ इतनी गोपनीयता के साथ हुआ कि किसी को कानोंकान खबर नहीं हुई।

इस पर्चे से सरकार हैरान हो गई। पुलिस तथा गुप्तचर विभाग सतर्क हो गए। सरकार ने स्वप्न में भी आशा नहीं की थी कि क्रांतिकारियों का संगठन इस प्रकार से सारे देश में फैला होगा। दल के केंद्र के विषय में सरकार को कुछ महत्त्वपूर्ण सूचनाएं भी प्राप्त हो गईं। अत: दल के केंद्र में और भविष्य में दल की कार्यप्रणाली में परिवर्तन करना पड़ा। इस पर्चे से जनता को भी इन

दल के उद्देश्यों से परिचित होने का अवसर मिला।

समस्या-समाधान : डकैतियों की योजना

बहुश: प्रयत्न करने पर भी 'हिन्दुस्तान गणतांत्रिक संघ' का आर्थिक संकट गहराता ही जा रहा था। अत: दल ने इस संकट से छुटकारा पाने के लिए डकैतियां डालने का निश्चय किया। यद्यपि यह एक असामाजिक तथा अवैधानिक कार्य था, किंतु दल के उद्देश्यों को देखते हुए इस अपराध की गंभीरता बहुत मामूली महसूस होने लगती है। वस्तुत: क्रांतिकारी देश की स्वतंत्रता के लिए युद्ध कर रहे थे और युद्ध के लिए साधनों की आवश्यकता होती है। साधन उनके पास थे नहीं, अत: यह निर्णय उन्हें विवशता में लेना पड़ा था। वैसे भी युद्ध एवं प्रेम में मर्यादाएं शिथिल हो जाती हैं और सब कुछ औचित्यपूर्ण होता है। इस दल द्वारा लिया गया यह निर्णय क्रांतिकारियों के इतिहास की कोई नवीन घटना नहीं थी। बंगाल के क्रांतिकारी, दल के कार्यों के लिए इस साधन को बीसवीं शताब्दी के आरंभिक वर्षों में ही अपना चुके थे। इस संदर्भ में मन्मथनाथ गुप्त ने युगांतर पत्रिका में छपे एक लेख का उल्लेख किया है-"सन् 1906-7 की घटना है, एक दिन कलकत्ता के विभिन्न मुहल्लों के क्रांतिकारियों की एक सभा हुई, जिसमें एक प्रस्ताव रखा गया कि दल के कार्यों के लिए डकैतियां डाली जाएं। इस पर कुछ सदस्यों का मत था कि डकैतियां सरकारी कोषों पर डाली जाएं; न कि देश के नागरिकों के यहां। किंतु यह प्रस्ताव दल को मान्य नहीं हुआ, क्योंकि सरकारी कोषों पर धावा बोलने का अर्थ था-सरकार से सीधी टक्कर लेना, जिसके लिए पर्याप्त साधनों की आवश्यकता पड़ती, जिनका दल के पास अभाव था। अत: देशवासियों के यहां ही डाके डालना तय हुआ। इसके साथ ही यह भी निर्णय लिया गया कि डकैतियों में जिससे भी जो कुछ लूटा जाए, उसका दल सही-सही हिसाब रखे तथा भारत को आजादी मिलने पर यह धन उसे ब्याज सहित लौटा दिया जाए। महर्षि अरविंद घोष का भी इस विषय में मत था कि स्वतंत्रता प्राप्त करने के लिए डकैतियां डालने में नैतिक दोष की कल्पना पूर्णतया निराधार है।

ये क्रांतिकारी डकैतियां डालने के बाद उस घर के पास एक रसीद भी भेजते थे। जिसमें उसके घर से प्राप्त धनराशि को कर्ज के रूप में स्वीकार किया जाता था तथा भारत को स्वाधीनता मिलने पर उसे लौटाने का वचन दिया जाता था। सन् 1916 के बंगाल के क्रांतिकारियों ने कलकत्ता के गोपीराय क्षेत्र में एक डकैती डाली थी। बाद में लूटे गए घर के स्वामी के पास 'बंगाल ब्रांच'

और 'इण्डिपेंडेन्ट किंगडम ऑफ युनाइटेड इंडिया' से एक रसीद भी पहुंची थी, जिसमें लिखा गया था–"हमारे कोष में आपके हिसाब में 9891 रुपए तथा 5 पाई दिए गए कर्ज के रूप में जमा हुए हैं। स्वतंत्रता प्राप्ति पर यह रुपए ब्याज सहित लौटा दिए जाएंगे।"

भारत के ही नहीं विदेशों के क्रांतिकारी भी इसी प्रकार अपने आर्थिक संकट का समाधान करते थे। आयरलैंड के क्रांतिकारी भी रेलों तथा सरकारी बैंकों पर डाके डालते थे। अक्टूबर 1917 की क्रांति से पूर्व सोवियत संघ के क्रांतिकारियों ने भी डकैतियां डाली थीं। बाकू के पास डाली गई एक डकैती में स्वयं स्टालिन ने भी भाग लिया था। इंग्लैंड में सोवियत संघ के प्रथम राजदूत क्रोसिन भी डाकों में सम्मिलित हुए थे। क्रांतिकारियों की भाषा में डकैतियों को बलपूर्वक प्राप्त किया गया चंदा कहा जाता था।

डकैतियां

डकैतियों का निर्णय ले लिए जाने पर पहले निश्चित किया गया कि यह कार्य गांव के सम्पन्न लोगों के यहां किया जाए, क्योंकि गांवों में डकैतियां डालना शहरों की तुलना में आसान होता है। इन योजनाओं पर जाने से पहले पंडित रामप्रसाद बिस्मिल ने स्पष्ट किया कि पहले साधारण डकैतों की तरह डाके डाले जाएं, ताकि पुलिस वालों को संदेह न हो कि यह कार्य क्रांतिकारियों ने किया है। डाके डालते समय ये युवक साधारण डाकुओं की तरह गालियां देते थे, किंतु उनकी तरह निर्दोष व्यक्तियों से दुर्व्यवहार करना दल के किसी भी सदस्य के लिए मना था। हर स्त्री को ये लोग अपनी मां-बहिन के समान समझते थे। यद्यपि चंद्रशेखर आजाद आदि सदस्य इस पक्ष में थे कि डकैती में व्यवधान डालने वाले व्यक्ति को मार दिया जाए, परंतु बिस्मिल ऐसा करने के पूर्णतया विरुद्ध थे। अत: डकैती डालते समय हत्या करना मना था। डकैतियों में दल का नेतृत्व रामप्रसाद बिस्मिल करते थे।

पहला डाका प्रतापगढ़ के पास एक गांव में एक जमींदार के घर डाला जाना निश्चित हुआ। रामप्रसाद बिस्मिल, चंद्रशेखर आजाद, मन्मथनाथ गुप्त, राजेन्द्रनाथ लाहिड़ी आदि कुल आठ युवक योजना पर निकल पड़े। शाम को अंधेरा होते समय ये लोग उस गांव में पहुंच गए। गांव के लोग अभी घरों के बाहर ही थे, जिनमें से कुछ लोगों ने इनसे पूछा भी कि कहां से आए हो? कौन हो? किसके घर जा रहे हो? इत्यादि। इन लोगों ने गांव वालों को उस जमींदार का पता बता दिया तथा कहा कि उसके यहां निमंत्रण पर जा रहे हैं। इस पर

गांव वाले चुप हो गए, क्योंकि उस व्यक्ति के यहां प्राय: शहर से लोग आते-जाते रहते थे। जमींदार के घर जाने पर युवकों ने बाहर ही से एक हवाई फायर करके घर वालों को चेतावनी दे दी।

रामप्रसाद बिस्मिल मकान के बाहर बंदूक लेकर पहरा देने लगे, ताकि बाहर से कोई अन्य व्यक्ति अंदर न जा सके। अन्य लोग घर के अदंर चले गए। उन्होंने पहले घर की महिलाओं को एक स्थान पर बैठा दिया और अपना काम करने लगे। क्रांतिकारियों के व्यवहार को देखकर घर की तीस-बत्तीस वर्ष की दो महिलाओं का साहस बढ़ गया। वे सामना करने को तैयार हो गईं। इन युवकों ने उन्हें डरा-धमकाकर बैठाने का प्रयत्न किया, पर वे नहीं मानीं। सहसा युवकों पर टूट पड़ीं। उन्हें तमंचा दिखाकर शांत करने का भी प्रयत्न किया गया, किंतु संभवत: वे तमंचों को नकली समझ बैठी थीं। दोनों में से एक ने चंद्रशेखर आजाद का तथा दूसरी ने मन्मथनाथ गुप्त का तमंचा पकड़ लिया। महिलाओं से इस व्यवहार की किसी ने कल्पना भी नहीं की थी। आजाद का तमंचा उस महिला ने छीन लिया। वे महिलाएं उन्हें पीटने भी लगीं। युवकों के सामने बड़ी विचित्र समस्या थी; महिलाओं के साथ मारपीट करना एकदम मना था। सबसे बड़ी बात यह रही कि जिस महिला ने आजाद से तमंचा हथिया लिया था, वह उसे चलाना नहीं जानती थी।

घर की चीख-पुकार तथा बंदूक की आवाज सुनकर गांव के लोग भी आ गए। उन्होंने इन लोगों की बंदूक आदि भी नहीं देखी थीं; उन्हें ये लोग डाकू जैसे ही लगे थे। बंदूक की आवाज सुनकर वे यही समझ रहे थे कि डराने के लिए पटाखे ही छोड़े जा रहे थे। इतने लोगों को रोकने के लिए बाहर बिस्मिल अकेले ही थे। वह किसी तरह उन्हें रोके खड़े थे। बिस्मिल छत पर खड़े थे। गांव के कुछ लोगों ने छिपकर छत पर चढ़कर उन पर हमला कर दिया। उनके सिर पर तथा राइफल पर लाठियों से वार करने लगे। वे अकेले सबका सामना कर रहे थे। उन्हें संकट में पड़ा देखकर शचीन्द्रनाथ बक्शी अपना तमंचा लेकर वहां पहुंच गए और उन्होंने स्थिति संभाल ली। स्थिति पल-प्रतिपल बिगड़ती जा रही थी, अत: बिस्मिल ने साथियों को चल पड़ने का संकेत दिया। संकेत मिलते ही क्रांतिकारी लौट पड़े। चंद्रशेखर आजाद अत्यंत लज्जित थे। उन्होंने यह बात बिस्मिल से कही, किंतु उस समय इस पर किसी ने ध्यान नहीं दिया। भागते समय भी सबके पीछे बिस्मिल चल रहे थे। युवकों को भागते देख गांव वाले पीछा करने लगे। वे पीछे से ईंट-पत्थर, जिसके हाथ जो पड़ा इन युवकों पर बरसाते जा रहे थे, जो कई युवकों को लगे, किंतु किसी को कोई गंभीर

चोट नहीं आई। लगभग दो सौ गांव वाले डंडे, फरसे तथा तलवारें लेकर पीछा कर रहे थे। गांव वाले जान चुके थे कि डकैती डालने वाले संख्या में बहुत कम थे। इसके साथ ही वे समझ रहे थे कि युवकों के पास तमंचे थे, जिनसे केवल धमाका किया जा सकता था। वे चिल्लाते हुए पीछा कर रहे थे। अतः रास्ते में पड़ने वाले गांवों के लोग भी उनका साथ देते जा रहे थे।

युवक तेजी से भाग रहे थे, अतः उनके और पीछा करने वालों के बीच दूरी बढ़ती जा रही थी। युवक सोचने लगे संभवतः शीघ्र ही वे अंधेरे में दूर निकल जाएंगे और पीछे पड़ी बला से छुटकारा मिल जाएगा, इतने में एकाएक राजेन्द्रनाथ लाहिड़ी एक गड्ढे में गिर पड़े। उन्हीं के पास माल की पोटली भी थी। इसलिए युवकों को रुकना पड़ा। लाहिड़ी को बाहर निकाला गया, किंतु हड़बड़ाहट में पोटली नीचे ही रह गई। अतः फिर गड्ढे में उतरना पड़ता, परंतु इसकी आज्ञा नहीं दी गई, क्योंकि गांव वाले बिल्कुल पास ही आ गए थे और उन्होंने हमला तेज कर दिया था। इस बीच रुक-रुककर बिस्मिल कभी-कभी हवाई फायर कर देते थे। बंदूक की आवाज सुनकर पास के गांव के लोग भी आ गए। उनके पास लाठियां तथा लालटेनें थीं। उन सब ग्रामीणों ने इन युवकों को पकड़ने का पक्का निश्चय कर लिया था। अतः वे चारों ओर से घेरकर हमला करने की योजना बनाने लगे। इससे बिस्मिल भी कुछ असमंजस में पड़ गए। घनी बस्ती वाला क्षेत्र था। यदि बस्ती वाले चारों ओर से धावा बोल देते, तो समस्या अत्यंत भयंकर हो जाती। मामले की इस गंभीरता को देखकर बिस्मिल ने अपने दल के सभी युवकों को आगे बढ़ने का आदेश दिया तथा स्वयं पीछा करने वालों का सामना करने के लिए राइफल लेकर रुक गए। पीछा करने वालों तथा उनके बीच लगभग पचास गज की दूरी रह गई थी। बिस्मिल ने उन्हें लौट जाने की चेतावनी दी, किंतु वे नहीं रुके। इस पर विवश होकर बिस्मिल को उन लोगों पर गोली चलानी पड़ी। एक व्यक्ति चीखता हुआ गिर पड़ा। सब पीछा करने वाले अपने-अपने स्थानों पर खड़े हो गए। तब उन्हें विश्वास हुआ कि युवकों की बंदूकें नकली नहीं थीं। अब उन्होंने पीछा करना छोड़ दिया। कुछ ही लोग पर्याप्त दूरी पर कुछ देर तक पीछा करते रहे और फिर लौट गए।

इसके बाद एक डाका किसी अन्य गांव में डाला गया। कहा जाता है डाका डालते समय दल का एक युवक घर की एक युवती से दुर्व्यवहार करने लगा था। चंद्रशेखर आजाद ने उसे ऐसा न करने की चेतावनी दी, किंतु वह नहीं माना। इस पर आजाद ने उसे गोली मार दी और उस युवती से क्षमा मांगी। उस

घर से कुछ भी लूटे बिना लौट गए। दल के नियमों का प्रत्येक डकैती में पूरा पालन किया जाता था। इन नियमों के पालन में प्राय: दल को कुछ भी प्राप्त नहीं हो पाता था।

इसी प्रकार एक डकैती डालते समय युवकों ने पुलिस का वेश बनाया था। इसमें रामप्रसाद बिस्मिल अंग्रेज पुलिस अफसर, महावीरसिंह सिख पुलिस अफसर तथा आजाद आदि युवक पुलिस के सिपाही बनकर गए थे। इस पुलिस दल ने गांव के महाजन के घर तलाशी लेने के बहाने हाथ साफ किया था। 'चंद्रशेखर आजाद और उनका युग' इस डकैती का वर्णन करते हुए मन्मथनाथ गुप्त ने लिखा है-

"इस अवसर पर क्रांतिकारी पुलिस दल की टुकड़ी के रूप में गांव में पहुंचे। रामप्रसाद बिस्मिल गोरे-चिट्टे थे, इस कारण उन्हें सोला का हैट और चूड़ीदार सैनिक पैंट पहनाकर अंग्रेज पुलिस अफसर बना दिया गया। महावीर सिंह की थोड़ी-सी दाढ़ी थी, इसलिए वह छब्बेदार जरी की पगड़ी पहनकर सिख पुलिस अफसर बन गए। चंद्रशेखर आजाद और उनकी तरह दूसरे लोग खाकी रंग की कमीज पहनकर सिपाही बन गए। गांव वालों को यह विश्वास हो गया कि हम पुलिस के लोग हैं और हम गांव के महाजन की तलाशी लेने आए हैं। जब हम लोग तलाशी लेकर निकल आए और गांव छोड़कर चले, तो गांव वालों को हमारे असली रूप का पता चला।"

इन डकैतियों में युवकों को जोखिम तो बहुत उठाना पड़ता था, किंतु इसकी तुलना में प्राप्ति बहुत कम होती थी। बहुधा खाली हाथ भी लौट आना पड़ता था। डकैती में लूटपाट करते समय लूटे जाने वाले घर के पुरुष सदस्यों के साथ मारपीट भी करनी पड़ती थी। पहचाने जाने पर अथवा पकड़ लिए जाने पर जनता की सहानुभूति से भी हाथ धोने पड़ सकते थे। अत: दल ने निर्णय लिया कि जनता पर डकैतियां न डाली जाएं। इस निर्णय का दल के सभी सदस्यों ने स्वागत किया। वस्तुत: वे जनता के सामने डकैतों के रूप में नहीं आना चाहते थे। वे जनता में अपनी पहचान क्रांतिकारियों के रूप में ही बनाना चाहते थे। इस निर्णय को दल की कार्यप्रणाली में एक नया मोड़ आया। आर्थिक समस्याएं अभी तक पूर्ववत् थीं, अत: इसके निदान के लिए सरकारी कोषों पर धावा बोलने का निश्चय किया गया।

रामप्रसाद इस विषय में नए प्रकार से विचार करने लगे। उनका मस्तिष्क प्रतिपल इसी विषय पर विचार करता रहता था। दल की आर्थिक समस्या की चिंता सर्वाधिक उन्हीं को थी।

सप्तम अध्याय
काकोरी कांड

जनता पर डाका न डालने का निर्णय लेने के बाद बिस्मिल का कुछ लोगों से संपर्क हुआ, जो केवल शौक के लिए अपने पास हथियार रखते थे। ये हथियार इन्हें कहां से प्राप्त होते थे, बिस्मिल द्वारा यह पूछे जाने पर उन लोगों ने हथियार प्राप्ति का एक सरल सूत्र बताया। ये हथियार विदेश से आते थे। इस सूत्र से उचित मूल्य पर मनचाहे हथियार प्राप्त हो जाते थे। मध्यस्थ उधार सामान दिलाने पर भी सहमत हो गए। हथियार प्राप्ति का यह बड़ा सुंदर स्रोत था। इससे अति आधुनिक हथियार भी प्राप्त हो सकते थे, जो क्रांतिकारियों के लिए बहुत लाभदायक सिद्ध होते, किंतु पहली बार सामान खरीदने में उधार करना उचित नहीं था। तभी पता लगा कि किसी जहाज पर चोरी-छिपे हथियारों का विशाल भंडार आया हुआ है। हथियारों को खरीदने के लिए उस समय कई हजार रुपयों की आवश्यकता थी। दल के सदस्यों ने चंदे मांगे और स्वयं अपने घरों में चोरियां कीं, किंतु फिर भी अभीष्ट धन प्राप्त नहीं हुआ। बिस्मिल इस सुनहरे अवसर को हाथ से जाने नहीं देना चाहते थे।

रेल में डकैती का विचार

क्या हो? कैसे हो? इत्यादि प्रश्नों का विचार करते हुए, एक बार वह 8 डाउन गाड़ी में यात्रा कर रहे थे, तभी उन्होंने देखा कि एक स्टेशन पर स्टेशन मास्टर एक थैला लेकर आया और उसने वह थैला गार्ड के डिब्बे में रखे संदूक में डाल दिया। इसके बाद वह लखनऊ गए। वहीं उन्हें ज्ञात हुआ कि इस गाड़ी से नित्य सहारनपुर से मार्ग में पड़ने वाले सभी स्टेशनों की आय लखनऊ पहुंचती है। अतः उन्होंने इस रेलगाड़ी को लूटने का विचार किया। उन्होंने अपनी आत्मकथा में इस विषय में लिखा है-

"सोचा, यदि लूटना है तो सरकारी खजाना ही क्यों न लूटा जाए? इसी उधेड़बुन में एक दिन रेल में जा रहा था। गार्ड के डिब्बे के पास की गाड़ी में बैठा था। स्टेशन मास्टर एक थैली लाया और गार्ड के डिब्बे में डाल गया। कुछ

खटपट की आवाज हुई। मैंने उतरकर देखा कि एक लोहे का संदूक रखा है। विचार किया कि इसी में थैली डाली होगी। अगले स्टेशन पर उसमें थैली डालते भी देखा। अनुमान किया कि लोहे का संदूक गार्ड के डिब्बे में जंजीर से बंधा रहता होगा, ताला पड़ा रहता होगा। आवश्यकता होने पर ताला खोलकर उतार लेते होंगे। इसके थोड़े ही दिनों बाद लखनऊ स्टेशन पर जाने का अवसर प्राप्त हुआ। देखा एक गाड़ी में से कुली लोहे के आमदनी वाले संदूक उतार रहे हैं। निरीक्षण करने से मालूम हुआ कि उनमें जंजीर ताला कुछ नहीं पड़ता, यों ही रखे जाते हैं। उसी समय निश्चित किया कि इसी पर हाथ मारूंगा। उसी समय धुन सवार हुई। तुरंत स्थान पर जा टाइम-टेबुल देखकर अनुमान किया कि सहारनपुर से गाड़ी चलती है, लखनऊ तक अवश्य दस हजार रुपए रोज की आमदनी होती होगी।"

उन्होंने अपना यह विचार दल के सामने रखा। उनका यह विचार दल ने स्वीकार कर लिया। अतः रेलगाड़ी को लूटने की योजना बनाई गई। योजना के प्रत्येक पहलू पर भली-भांति विचार किया गया। निश्चित हुआ कि लखनऊ से पूर्व किसी स्थान पर इस गाड़ी पर धावा बोल दिया जाए तथा इसमें रखा रुपया लूट लिया जाए। इस कार्य के लिए दस सदस्यों का चुनाव किया गया-रामप्रसाद बिस्मिल, चंद्रशेखर आजाद, राजेन्द्रनाथ लाहिड़ी, मुकंदीलाल, अशफाकउल्ला, मन्मथनाथ गुप्त, बनवारीलाल, शचीन्द्रनाथ बक्शी, मुरारीलाल तथा कुंदनलाल। बिस्मिल इस दल के नेता बने।

इस योजना से सबसे अधिक प्रसन्नता चंद्रशेखर आजाद को हुई। चंद्रशेखर सरकार से सीधी टक्कर लेने में विश्वास करते थे। आजाद तथा उनके ही समान विचारों वाले कुछ अन्य युवकों का यह भी मत था कि यदि गाड़ी का गार्ड, ड्राइवर आदि अंग्रेज हुए, तो उन्हें भी गोली मार दी जाए। बिस्मिल इस विचार से बिल्कुल सहमत नहीं थे। वह व्यर्थ रक्तपात के विरुद्ध थे, अतः उन्होंने स्पष्ट रूप से कह दिया कि यदि किसी का लक्ष्य किसी की हत्या करना हो, तो वह अभी बता दे। इस प्रकार के कार्य में सम्मिलित होने से उन्होंने मना कर दिया। अतः सभी लोगों ने बिस्मिल की बात मान ली।

अशफाकउल्ला खां प्रारंभ से ही सरकारी कोष पर धावा डालने के विरुद्ध थे। वह नहीं चाहते थे कि सरकार से सीधी टक्कर ली जाए, क्योंकि दल के पास पर्याप्त साधन नहीं थे। वह चाहते थे कि क्रांतिकारी जो भी कार्य करें, छिपकर करें। इस प्रकार खुले रूप में कार्य करना उनकी दृष्टि में स्वयं के पांवों में कुल्हाड़ी मारने के समान था। उन्होंने बिस्मिल के सामने अपना यह विरोध

प्रकट भी किया था, किंतु निर्णय दल की मुख्य समिति ने लिया था। बिस्मिल भी मुख्य समिति के सदस्य थे, किंतु फैसला ले लेने पर बदलना उनके बस की बात नहीं थी। अंतत: बिस्मिल ने अशफाकउल्ला को भी इसके लिए सहमत कर लिया। सभी लोग योजना को कार्यरूप देने के लिए अवसर की प्रतीक्षा करने लगे।

काकोरी की डकैती

पहले विचार किया गया कि किसी छोटे स्टेशन पर गाड़ी खड़ी होने पर स्टेशन तथा वहां के तारघर पर अधिकार कर लिया जाए और गाड़ी का संदूक उतारकर उसे तोड़ डाला जाए। इसमें जो कुछ प्राप्त हो उसे लेकर भाग लिया जाए। इस योजना के लिए लोग चल पड़े, किंतु निश्चित स्टेशन पर जाने से पहले ही गाड़ी चल पड़ी थी। इस दल को उस स्टेशन पर पहुंचने में दस मिनट की देरी हो गई थी। दल के युवकों ने सोचा संभवत: निकल जाने वाली गाड़ी दूसरी हो, इसलिए पता लगाने के लिए मुरारी लाल को भेजा गया। तब पता लगा कि यह वही गाड़ी थी, जिसे लूटा जाना था। उस दिन युवकों के दल के अधिकतर सदस्य लखनऊ की कनछेदीलाल धर्मशाला में रुके हुए थे।

श्री मुकंदीलाल के अनुसार इसी प्रकार दो दिन असफलता का मुंह देखना पड़ा था–"दो दिन तक लगातार कोशिशों के बावजूद तीसरे दिन 9 अगस्त 1925 को हमारे साथी अपनी योजना में कामयाब हुए।"

दूसरे दिन असफलता के बाद संभवत: दल शाहजहांपुर चला गया था, क्योंकि मन्मथनाथ गुप्त ने 9 अगस्त की शाम शाहजहांपुर से चलने का उल्लेख किया है–

"हम लोग 9 तारीख को संध्या समय शाहजहांपुर से हथियार, छेनी, घन, हथौड़े आदि से लैस होकर गाड़ी पर सवार हो गए।"

पहले किसी स्टेशन पर खड़ी होने पर स्टेशन पर अधिकार करके गाड़ी लूटने की योजना थी। यह काम अधिक जोखिम का था और इसमें अधिक लोगों की आवश्यकता थी, अत: यह योजना त्याग दी गई। तय हुआ कि लखनऊ से पहले किसी स्थान पर जंजीर खींचकर गाड़ी रोक ली जाए और वहीं पर इसमें रखा सरकारी खजाना लूट लिया जाए।

क्रांतिकारियों का दल शाहजहांपुर से इस गाड़ी में सवार हो गया। इस गाड़ी में रेल के स्टेशनों के अतिरिक्त कोई और खजाना भी जा रहा था। दल का एक सदस्य स्थिति की टोह लेने के लिए पूरी गाड़ी में चक्कर लगा आया। उसने

सूचना दी कि गाड़ी में कई व्यक्ति ऐसे थे, जिनके पास हथियार थे, सरकारी खजाने में बंदूकों का पहरा था। कुछ गोरे सैनिक भी यात्रा कर रहे थे, जिनमें एक मेजर तथा उससे भी ऊंचे पद का था। यह सूचना मिलने पर अशफाकउल्ला ने एक बार पुनः अपने साथियों को यह समझाने का प्रयत्न किया कि ऐसी स्थिति में डाका डालना उचित न होगा, अतः योजना निरस्त कर दी जाए, किंतु उनकी बात नहीं मानी गई। यहां कुछ लोग अशफाक की इस सम्मति को उनकी कायरता कहने का भी प्रयास करेंगे। वस्तुतः अशफाक बहुत बड़े दूरदर्शी थे। उन्होंने इस घटना की परिणति का अनुमान लगा लिया था। काकोरी कांड वास्तव में क्रांतिकारियों के लिए एक अभिशाप सिद्ध हुआ था। मन्मथनाथ गुप्त ने अशफाक की इस दूरदर्शिता की प्रशंसा करते हुए लिखा है-

"उनका निषेध किसी डर या भय से प्रेरित न था, प्रत्युत वह बुद्धिमत्ता की आवाज थी। बाद के इतिहास ने सिद्ध कर दिया कि अशफाक सही थे और हम गलती पर थे। यह बात तो निश्चित है कि यदि हम इस कार्य को न करते तो इतनी जल्दी हमारे दल के पांव न उखड़ते।"

यद्यपि अशफाक का परामर्श नहीं माना गया था, परंतु इसका यह अर्थ नहीं कि वे इस कार्य से तटस्थ बने रहे। जब सभी सदस्य इस कार्य के लिए एकमत हो गए, तो अशफाक ने भी इस कार्य में पूरे उत्साह और मनोयोग से भाग लिया।

अशफाकउल्ला, राजेन्द्रनाथ लाहिड़ी, तथा शचीन्द्रनाथ बक्शी द्वितीय श्रेणी में यात्रा कर रहे थे; शेष सात सदस्य तृतीय श्रेणी में। तृतीय श्रेणी के डिब्बों में गाड़ी की जंजीर प्रायः खराब पड़ी रहती थी, इसी सबको दृष्टि में रखते हुए उक्त तीन सदस्यों को द्वितीय श्रेणी के डिब्बों में बैठाया गया, ताकि जंजीर खींचकर गाड़ी रोकने में असफलता का मुंह न देखना पड़े।

दल के पास चार नए माऊजर पिस्तौल तथा कई छोटे-मोटे हथियार थे। प्रत्येक माऊजर पिस्तौल के लिए पचास से ऊपर कारतूस थे।

निर्धारित स्थान काकोरी के आने से कुछ देर पहले जंजीर खींची गई और गाड़ी रुक गई। इस समय अंधेरा हो रहा था। गाड़ी रुकते ही यात्री खिड़कियों से बाहर देखने लगे। गार्ड अपने डिब्बे से उतर पड़ा और कारण जानने के लिए उस डिब्बे की ओर बढ़ा, जिसमें जंजीरें खींची गई थीं। क्रांतिकारी भी तुरंत बाहर आ गए। उन्होंने एक-दो हवाई फायर करते हुए यात्रियों को तुरंत अपने-अपने डिब्बों में चले जाने को कहा तथा उन्हें यह भी बता दिया गया कि उनसे कोई कुछ न कहेगा, केवल सरकारी खजाना ही लूटा जाएगा। गार्ड

को आदेश देकर औंधे मुंह जमीन पर लेटने के लिए विवश कर दिया गया। ताकि ड्राइवर उसे छोड़कर गाड़ी को न ले जाए। गाड़ी के दोनों ओर पगडंडी को छोड़कर घास के मैदानों में दो-दो युवक माऊजर पिस्तौलों के साथ खड़े हो गए। माऊजर पिस्तौल एक हजार गज तक मार करती है तथा इसमें पीछे कुंदा लगाकर इन्हें राइफल की तरह प्रयोग में भी लाया जा सकता है। इन युवकों को स्पष्ट आदेश दिया गया कि किसी भी व्यक्ति पर गोली न चलाई जाए; केवल रुक-रुककर हवाई फायर किए जाएं। फिर भी इस अवसर पर एक युवक की मूर्खता के कारण अमजद अली नामक एक व्यक्ति मारा गया। वह व्यक्ति चेतावनी दिए जाने पर भी डिब्बे से बाहर उतर आया था और महिलाओं वाले डिब्बे में बैठी अपनी पत्नी को आश्वस्त करने जा रहा था। इस विषय में आगे संस्मरणों में बिस्मिल ने लिखा है-

"एक सज्जन गार्ड के डिब्बे से उतरे। उनके पास भी माऊजर पिस्तौल था। विचारा कि ऐसा शुभ अवसर जाने कब हाथ आए। माऊजर पिस्तौल काहे को चलाने को मिलेगा? उमंग जो आई, सीधी करके दागने लगे। मैंने जो देखा तो डांटा, क्योंकि गोली चलाने की उनकी ड्यूटी (काम) ही न थी। फिर यदि कोई मुसाफिर कौतूहलवश बाहर को सिर निकाले, तो उसके गोली जरूर लग जाए! हुआ भी ऐसा ही, जो व्यक्ति रेल से उतरकर अपनी स्त्री के पास जा रहा था, मेरा ख्याल है कि इन्हीं महाशय की गोली उसको लग गई, क्योंकि जिस समय यह महाशय संदूक नीचे डालकर गार्ड के डिब्बे से उतरे थे, केवल दो-तीन फायर हुए थे। उसी समय स्त्री ने कोलाहल किया होगा और उसका पति उसके पास जा रहा था, जो उक्त महाशय की उमंग का शिकार हो गया। मैंने यथा शक्ति पूर्ण प्रबंध किया था कि जब तक कोई बंदूक लेकर सामना करने न आए, या मुकाबले में गोली न चले, तब तक किसी आदमी पर फायर न होने पाए। मैं नरहत्या करके डकैती को भीषण रूप देना नहीं चाहता था। फिर भी मेरा कहा न मानकर अपना काम छोड़ गोली चलाने का यह परिणाम हुआ। गोली चलाने की ड्यूटी जिनको मैंने दी थी वे बड़े दक्ष तथा अनुभवी मनुष्य थे। उनसे भूल होना असंभव था। उन लोगों को मैंने देखा कि वे अपने स्थान से पांच मिनट बाद पांच फायर करते थे। यही मेरा आदेश था।"

दल के अन्य सदस्य गार्ड के डिब्बे में चढ़ गए। उसमें रखा संदूक बाहर फेंक दिया गया। युवक उसे तोड़ने लगे। उसे तोड़ना आसान न था। वह हथौड़े से टूट ही नहीं रहा था। दल में बिस्मिल के बाद सबसे शक्तिशाली अशफाक ही थे। बिस्मिल उस समय संदूक के पास नहीं थे। अशफाक ने जब देखा कि

संदूक तोड़ने में सफलता नहीं मिल रही है, तो वह स्वयं उसे तोड़ने में जुट गए। जिस समय अशफाक संदूक को तोड़ रहे थे, उसी समय एक दूसरी ट्रेन आ रही थी। इससे क्रांतिकारियों के मन में कई शंकाएं एक साथ उभरने लगीं। वह निश्चित नहीं कर पा रहे थे कि न जाने क्या होगा। हो सकता है कि वह ट्रेन इस डकैती से सरकारी कोष की रक्षा करने के लिए आई हो। इस संकट की घड़ी में बिस्मिल ने अपनी त्वरित निर्णय लेने की शक्ति का अद्‌भुत परिचय दिया। उस रोमांचक घड़ी का वर्णन श्री मन्मथनाथ गुप्त ने निम्नलिखित शब्दों में किया है-

"इस समय जबकि सफलता बिल्कुल सामने थी, एक गाड़ी की आवाज आते हुए सुनाई पड़ी। हां इसमें कोई संदेह नहीं था कि गाड़ी हमारी तरफ आ रही थी। अब बिल्कुल अंधेरा हो गया था, इसलिए इंजन के ललाट की रोशनी हमें स्पष्ट दिखाई पड़ रही थी। भला यह कैसी गाड़ी थी? यह कैसे हो गया कि अगले स्टेशन पर हमारी खबर पहुंच गई। यह संभव नहीं था। तो क्या इसके मायने यह हुआ कि किसी ने विश्वासघात किया? अन्य कितने ही प्रश्न हमारे मन में कौंध गए। संभव है यह सैनिक गाड़ी है। इस संभावना में हम करीब-करीब जम गए।

अब हमारे नेता लोहे के संदूक के पास आ गए थे। हमने उनकी तरफ देखा। वे बिल्कुल स्थिर खड़े थे और अन्य सब लोगों की तरह एकाग्र होकर ट्रेन की तरफ देख रहे थे। ऐसा लगा कि ट्रेन के यात्रियों में भी सुगबुगाहट हो रही थी। हम चाहते तो उस वक्त भागकर अंधेरे में लुप्त हो सकते थे, पर हमने यह फैसला किया कि जो कुछ भी हो, उसका सामना करना है। अधिक से अधिक यह हो सकता था कि दोनों तरफ से गोलियों की बौछारें हों और हम लोग सब मारे जाएं। पर अब जबकि हम पर यह खतरा आ चुका था, हमें बिल्कुल डर नहीं लग रहा था। क्या यह बात सच नहीं है कि हम मौका मिलने पर वीरता का आदर्श पेश करना चाहते थे।

हमने अपने हाथों में अपने-अपने अस्त्रों को कसकर पकड़ लिया और आती हुई रेलगाड़ी की तरफ देखने लगे। अशफाक हथौड़ा चलाकर अपना काम आगे बढ़ा रहे थे और छेद करीब-करीब इतने बड़े हो गए थे कि संदूक में पड़ी थैलियां निकाली जा सकती थीं। इस समय हथौड़े की चोट के अलावा बाकी सब शांत थे। यात्रियों को ट्रेन के अंदर रखने के लिए बराबर गोलियां दागी जा रही थीं।

हिमगिरि की तेजी से रेल हमारी तरफ दौड़ती आ रही थी। रेल की

फट-फट चारों तरफ छाई हुई थी। आखिर क्या होने वाला है? मृत्यु? कौन जानता है क्या होगा? पर अब हमें कोई भय नहीं था। उसी समय रामप्रसाद ने यह देखा कि जहां पर हम खड़े थे, वहां डबल लाइन थी। एकाएक उनको याद आया कि पंजाब मेल आ रही है और इसमें कोई संदेह नहीं था कि यह रात वाली पंजाब मेल थी। उन्होंने हमें यह बात बता दी।

हमारे नेता सामने मौजूद थे। उनकी सहजात बुद्धि बहुत प्रखर थी। उन्होंने इससे पहले भी हमें कई बार खतरों की स्थिति से निकाला था। क्या यह बात सच नहीं कि इससे पहले हर मौके पर उन्होंने इससे भी गंभीर स्थिति में सही फैसले किए थे। शायद वे हमसे कहें कि लौट चलो या यह कहें कि पास के पेड़ों के पीछे हो जाओ और वहां से जबर्दस्त मोर्चा संभालो।

आती हुई गाड़ी बिल्कुल पहुंचने ही वाली थी। ऐसे मौके पर बिस्मिल ने हमसे कहा कि हम अपने अस्त्रों को छिपा लें। उससे यह होगा कि यदि कोई गाड़ी से झांकेगा, तो वे हम लोगों को साधारण भटके हुए यात्रियों के रूप में देखेंगे। उन्होंने अशफाक को इस प्रकार खड़े होने के लिए कहा मानों वे कोई दृश्य देख रहे हों। गाड़ी बहुत तेजी से आ रही थी और चारों तरफ उसका शोर था। एक लम्हे के अंदर गाड़ी हमारे सामने से निकल गई और सारी स्थिति एक दु:स्वप्न की तरह चली गई। अब वह एक गोली की तरह अगले स्टेशन की तरफ जा रही थी। हमारे चेहरों तथा इस गाड़ी पर तेज रोशनी गिरी, बहुत जोर से दोनों गाड़ियों की हवाएं टकराईं और देखते-देखते सब खत्म हो गया। इस प्रकार यह खतरा टल गया और हर मिनट उस गाड़ी का शब्द धीमा होता चला गया।

संदूक को तोड़कर उसमें छेद बना दिया गया। उसमें से सब थैले निकाल कर चादर में पोटलियां बना ली गईं। लगभग दस मिनट में पूरा काम हो गया। पूरी गाड़ी में चौदह व्यक्ति ऐसे थे, जिनके पास हथियार थे, किंतु किसी ने किसी प्रकार का प्रतिरोध नहीं किया। सभी पूरी तरह शांत बने रहे। संभवत: उन्होंने समझ लिया था कि किसी बहुत बड़े गिरोह ने ट्रेन को घेर लिया है। ड्राइवर तथा इंजीनियर दोनों अंग्रेज थे और ये दो ही सबसे अधिक भयभीत थे। ड्राइवर पूरे समय इंजन में लेटा रहा तथा इंजीनियर शौचालय में जा छिपा था।

पोटलियां बांधने के बाद चल पड़ने से पूर्व बिस्मिल ने अपने सभी साथियों से भली प्रकार देख लेने को कहा कि कोई चीज छूट न जाए, किंतु फिर भी एक सदस्य चादर छोड़ आया। यात्रियों को धोखा देने के लिए पहले वह दल विपरीत दिशा में झाड़ियों की ओर चल पड़ा। वहां से ये लोग लखनऊ की ओर

चल पड़े। लूटी गई धनराशि चमड़े के थैलों में थी, अतः रास्ते में इन थैलों को काटकर रुपए निकाल लिए तथा थैलों को बरसात के इकट्ठा हुए पानी के गड्ढों में डाल दिया गया। इसके बाद ये लोग चौक की तरफ से लखनऊ में प्रवेश कर गए। यहां से लखनऊ में प्रवेश करने का एक विशेष उद्देश्य था। रात के समय अन्य स्थानों पर इस तरह जाने से किसी को संदेह हो सकता था, किंतु इस क्षेत्र में वेश्याओं का मुहल्ला होने के कारण यहां रात भर चहल-पहल रहती थी, अतः यहां किसी को संदेह होने की संभावना नहीं थी।

लखनऊ पहुंचकर समस्त धनराशि बिस्मिल ने किसी के पास छिपा दी। इस विषय में अन्य कोई सदस्य नहीं जानता था कि रुपए कहां रखे गए हैं। इसके बाद सभी सदस्य अपने-अपने परिचितों के पास रहने के लिए चले गए, किंतु चंद्रशेखर आजाद तथा मन्मथनाथ गुप्त का लखनऊ में कोई परिचित नहीं था, अतः ये किसी पार्क में सो गए।

काकोरी कांड की सूचना अखबार वालों को उसी रात मिल गई थी। अखबार बेचने वाले जोर-जोर से इस घटना का उल्लेख करते हुए अखबार बेच रहे थे। लखनऊ में उस समय 'इंडियन डेली टेलीग्राफ' नाम का एक ही समाचार पत्र निकलता था। उसमें काकोरी कांड का समाचार छपा था जिसमें एक गोरे सहित तीन व्यक्तियों के मारे जाने का उल्लेख किया गया था। यह समाचार सत्य नहीं था। बाद में इसका स्पष्टीकरण हो गया था कि तीन नहीं अपितु अमजद अली नामक एक ही व्यक्ति की मृत्यु हुई थी।

दूसरे ही दिन सभी क्रांतिकारी अपने-अपने केंद्रों को चले गए। इस डकैती से दल के सदस्यों का उत्साह बढ़ गया। दल पर जितना कर्ज हुआ था, तुरंत निबटा दिया गया। नए हथियारों को खरीदने के लिए भी कुछ रुपए भेज दिए गए। इसके अतिरिक्त प्रत्येक केंद्र की व्यवस्था को सुचारु बनाने के लिए तथा उनका विस्तार करने के लिए भी कार्यकर्ताओं को भेजा गया। बिस्मिल बड़े उत्साह के साथ दल को सशक्त बनाने में जुट गए, किंतु सारा उत्साह और सारी प्रसन्नता क्षणिक सिद्ध हुई क्योंकि एक ओर दल के अंदर ही अनेक मतभेद उत्पन्न हो गए थे, दूसरी ओर पुलिस अत्यंत सक्रिय हो गई थी।

दल के आंतरिक मतभेद

'हिंदुस्तान गणतांत्रिक संघ' के अध्यक्ष शचीन्द्रनाथ सान्याल थे। वस्तुतः वही इस दल के संस्थापक भी थे। बिस्मिल शाहजहांपुर केंद्र के प्रधान थे। उनकी आत्मकथा का अवलोकन करने से सहज ही ज्ञात होता है कि दल में

उस समय पारस्परिक मतभेद उभर आए थे। यद्यपि बिस्मिल ने इन मतभेदों को दूर करने का भरसक प्रयत्न किया था, किंतु वह इसमें सफल न हो सके थे। उनका दल में सभी सम्मान करते थे, किंतु इस फूट को दूर करने में उन्हें सफलता न मिली। यह फूट दल के लिए घातक सिद्ध हुई। इसका उनको अंत तक दु:ख था। उनके निम्नलिखित शब्दों से उनके इस दु:ख का स्पष्टीकरण होता है-

"मैं इस विषय में कुछ भी न जान सका कि दूसरे देश के क्रांतिकारियों ने प्रारंभिक अवस्था में हम लोगों की भांति प्रयत्न किया या नहीं। यदि पर्याप्त अनुभव होता, तो इतनी साधारण भूलें न करते। त्रुटियों के होते हुए भी कुछ भी न बिगड़ता और न कुछ भेद खुलता, न इस अवस्था को पहुंचते, क्योंकि मैंने जो संगठन किया था, उसमें किसी ओर से मुझे कमजोरी न दिखाई देती थी। कोई भी किसी प्रकार की त्रुटि न समझ सकता था। इसी कारण आंख बंद किए बैठे रहे। किंतु आस्तीन में सांप छिपा हुआ था, ऐसा गहरा मुंह मारा कि चारों खाने चित कर दिया।

जिन्हें हम हार समझे थे गला अपना सजाने को,
वही अब नाग बन बैठे हमारे काट खाने को।

नवयुवकों में आपसी होड़ के कारण बहुत वितंडा तथा कलह हो जाती थी, तो भयंकर रूप धारण कर लेती। मेरे पास जब मामला आता तो मैं प्रेमपूर्वक समिति की दशा का अवलोकन कराके सबको शांत कर देता। कभी नेतृत्व को लेकर वाद-विवाद चल जाता। एक केंद्र के निरीक्षक से वहां के कार्यकर्ता अत्यंत असंतुष्ट थे। क्योंकि निरीक्षक से अनुभवहीनता के कारण कुछ भूलें हो गई थीं। यह अवस्था देख मुझे बड़ा खेद तथा आश्चर्य हुआ, क्योंकि नेतागिरि का भूत सबसे भयानक होता है। जिस समय से यह भूत खोपड़ी पर सवार होता है, उसी समय से सब काम चौपट हो जाता है। केवल एक-दूसरे के दोष देखने में समय व्यतीत होता है और वैमनस्य बढ़कर बड़े भयंकर परिणामों का उत्पादक होता है। इस प्रकार के समाचार सुन मैंने सबको एकत्रित कर खूब फटकारा। सब इतनी त्रुटि समझकर पछताए और प्रीतिपूर्वक आपस में मिलकर कार्य करने लगे। पर ऐसी अवस्था हो गई थी कि दलबंदी की नौबत आ गई थी। इस प्रकार से तो दलबंदी हो ही गई थी। पर मुझ पर सबकी श्रद्धा थी और मेरे वक्तव्य को सब मान लेते थे। सब कुछ होने पर भी मुझे किसी प्रकार का संदेह न था। किंतु परमात्मा को ऐसा ही स्वीकार था, जो इस अवस्था का दर्शन करना पड़ा।"

वास्तव में यदि किसी संस्था में कोई अव्यवस्था होती है, तो इससे उसके प्रधान की अकर्मण्यता सूचित होती है। इस दल के नेता का अनुशासन भी इसी प्रकार का था। काकोरी कांड के बाद जब मुकदमा चल रहा था, उन दिनों भी दल के नेता शचींद्रनाथ सान्याल की भूमिका बड़ी ही विवादास्पद रही थी। उनकी पुलिस के साथ लंबी वार्ता चली, किंतु उन्होंने इस विषय में कि क्या बात चल रही है, बिस्मिल को अंत तक कुछ न बताया। इसका वर्णन अगले अध्याय में विस्तार से किया जाएगा।

काकोरी की डकैती के बाद रामप्रसाद बिस्मिल शाहजहांपुर पहुंच गए। दल की इस प्रकार की स्थिति से वह अत्यंत चिंतित थे। वह दल को सशक्त बनाने का विचार करने लगे। निराश होना उनका स्वभाव नहीं था। उन्हें प्रतिपल भारत की स्वतंत्रता की ही चिंता रहती थी।

इधर पुलिस अपनी पूरी शक्ति से डकैती के अभियुक्तों को गिरफ्तार करने के लिए जाल बिछा रही थी।

अष्टम अध्याय
काकोरी कांड की परिणति

काकोरी की रेल डकैती को सरकार ने एक खुली चेतावनी के रूप में लिया। सरकार एकदम चौकन्नी हो गई। पुलिस तथा गुप्तचर विभाग तुरंत सक्रिय हो गए। पूरी तत्परता के साथ जांच कार्य प्रारंभ हो गया। वस्तुतः अब दल वालों को भी अशफाकउल्ला के शब्दों का महत्त्व ज्ञात हुआ। उन्होंने पहले ही सरकारी कोषों पर धावा बोलने का विरोध किया था। यद्यपि क्रांतिकारी पुलिस को मूर्ख एवं अयोग्य समझते थे, उनकी यह बात अन्य मामलों में भले ही सत्य हो, किंतु यह डकैती अंग्रेज सरकार की प्रतिष्ठा का प्रश्न बन गई थी, अतः पुलिस विभाग को भी इस बार अपनी पूरी शक्ति का परिचय विवश होकर देना पड़ा। इसी विषय में दल के दृष्टिकोण को स्पष्ट करते हुए श्री मन्मथनाथ गुप्त लिखते हैं-

"अशफाक ने जो भविष्यवाणी की थी, वह सत्य सिद्ध हुई। हमने जो कहा था कि हम सरकारी खजाना लूटना चाहते हैं, किसी यात्री को लूटना हमारा उद्देश्य नहीं है, उससे हमारा राजनैतिक चरित्र सामने आ गया था। यों तो पुलिस वाले बड़े आलसी और धीरे काम करने वाले होते हैं, पर इस सूचना से उनमें बिजली दौड़ गई।"

काकोरी कांड के अभियुक्तों का पता लगाने के लिए सरकार ने एक विशेष जांच दल बनाया था, जो मिस्टर हार्टन के निरीक्षण में कार्य कर रहा था। घटनास्थल से मिले साक्ष्यों तथा रेलवे पुलिस की रिपोर्ट के आधार पर यह दल इस निष्कर्ष पर पहुंचा कि यह कार्य क्रांतिकारियों का हो सकता है। अतः प्रांत के क्रांतिकारियों पर विशेष ध्यान दिया जाने लगा। डाके के लूटे गए नोटों में से सात-आठ सौ रुपए सरकारी कोष से भी पहुंच गए। नोटों के नंबरों की सूची प्रकाशित होने से पूर्व ही नोट जनता में भी चलन में आ गए। इससे पुलिस को एक अच्छा सूत्र मिल गया। गुप्तचर पुलिस ने यह भी पता लगा लिया कि घटना के एक-दो दिन पूर्व से एक दिन बाद तक अभियुक्त कहीं गए हुए थे। इसी बीच यह भी पता चला कि राजकीय स्कूल शाहजहांपुर के एक विद्यार्थी इंदुभूषण मित्र के पास बिस्मिल के पत्र आते थे, जिन्हें वह बिस्मिल को दे जाता

था। स्कूल का प्रधान अध्यापक इन पत्रों की कापी हार्टन के पास भेज देता था। इन पत्रों से हार्टन को पता चला कि मेरठ में क्रान्तिकारियों की एक बैठक होने वाली थी। पुलिस मेरठ में भी सक्रिय हो गई। तभी हार्टन को किसी सूत्र से ज्ञात हुआ कि क्रांतिकारी कनखल में डाका डालने की योजना बना रहे थे। इसलिए पुलिस विशेष सतर्क हो गई। संदेह था कि किसी बड़े शहर के डाकखाने को लूटा जा सकता था। अत: पुलिस ने सभी क्रांतिकारियों को एक ही दिन गिरफ्तार करने की योजना बनाई।

गिरफ्तारियां

सभी क्रांतिकारी, जिन्होंने काकोरी कांड में भाग लिया था, अपने-अपने केंद्रों को जा चुके थे। रामप्रसाद बिस्मिल भी शाहजहांपुर पहुंच गए। वह पहले से ही पुलिस की दृष्टि में संदिग्ध थे। पूरे शहर में काकोरी कांड की ही चर्चा थी। कुछ पुलिस वाले पूछताछ के लिए उनसे भी मिले। डकैती में लूटे गए नोटों के नंबरों के आधार पर पुलिस सशंक हो गई कि इस डकैती में शाहजहांपुर का भी कोई व्यक्ति संबद्ध था, क्योंकि एक-दो नोट यहां भी पुलिस को प्राप्त हो गए। बिस्मिल के कुछ शुभचिंतकों ने उन्हें सावधान रहने की सलाह दी; उनका कहना था इस मामले में उनकी (बिस्मिल की) गिरफ्तारी निश्चित है, किंतु बिस्मिल यही समझते रहे कि उनके विरुद्ध पुलिस को कोई प्रमाण नहीं मिल पाएगा। इसके साथ ही यह भी देखना चाहते थे कि क्रांतिकारियों के साथ जनता की कितनी सहानुभूति है-

"कई मित्रों ने मुझसे कहा भी कि सतर्क रहो। दो-एक सज्जन ने निश्चितरूपेन समाचार दिया कि मेरी गिरफ्तारी जरूर हो जाएगी। मेरी समझ में कुछ न आया। मैंने विचार किया कि यदि गिरफ्तारी हो भी गई, तो पुलिस को मेरे विरुद्ध कुछ भी प्रमाण न मिल सकेगा। अपनी बुद्धिमत्ता पर कुछ अधिक विश्वास था। अपनी बुद्धि के सामने दूसरों की बुद्धि को तुच्छ समझता था। कुछ यह भी विचार था कि देश की सहानुभूति की परीक्षा की जाए। जिस देश पर हम अपना बलिदान देने को उपस्थित हैं, उस देश के वासी हमारे साथ कितनी सहानुभूति रखते हैं? कुछ जेल का अनुभव भी प्राप्त करना था।"

गुप्तचर पुलिस उनकी प्रत्येक गतिविधि पर नजर रख रही थी। बिस्मिल सब कुछ जानते हुए भी इसके प्रति उदासीन जैसे बने रहे। वह नित्य प्रात: चार बजे उठ जाते थे। 26 सितम्बर की प्रात: वह उठकर बैठे हुए थे। इतने में किसी ने दरवाजा खटखटाया। बिस्मिल बाहर आए, देखा पुलिस थी। उन्हें तत्काल

गिरफ्तार कर लिया गया। घर की तलाशी ली गई, किंतु कोई भी आपत्तिजनक वस्तु नहीं मिली। बिस्मिल की तलाशी लेने पर उनकी जेब में से कुछ पत्र मिल गए थे, ये पत्र उन्होंने स्वयं लिखे थे। वह इन्हें डालने के लिए डाकखाने भी गए थे, किंतु डाक निकल चुकी थी, अतः वह इन पत्रों को लैटरबॉक्स में न छोड़कर वापस ले आए थे। यही असावधानी उनके लिए दुर्भाग्य सिद्ध हुई। इनमें एक पत्र दल की गतिविधियों के विषय में था, जिसे पुलिस ने अपने अधिकार में ले लिया।

इंदुभूषण के पास आए एक पत्र से पुलिस को यह पता चला कि बनारस में किसी विद्यार्थी के निवास स्थान पर दल का कुछ सामान था। पुलिस ने वहां भी तलाशी ली। वहां हिन्दू विश्वविद्यालय के एक विद्यार्थी के कमरे में दो राइफलें बरामद हुईं। उस विद्यार्थी को भी गिरफ्तार कर लिया। इन्दुभूषण मित्र ने बिस्मिल की गिरफ्तारी की सूचना बनारस में श्री रामनाथ पांडेय को भेजी थी। रामनाथ पांडेय को लिखा गया पत्र स्वयं बिस्मिल से जब्त किया जा चुका था, अतः इंदुभूषण मित्र द्वारा पांडेय को भेजा गया पत्र पुलिस के पास पहुंच गया। पुलिस ने इंदुभूषण मित्र को भी गिरफ्तार कर लिया। इंदुभूषण अधिक न टिक सका; दूसरे ही दिन उसने मुखबिर बनना स्वीकार कर लिया। बनारस में जिन-जिन के पास पार्सल भेजे गए थे, उन सबको पुलिस ने गिरफ्तार कर लिया। मुख्य बात यह रही कि 26 सितम्बर को बनारस केंद्र के कार्यकर्ताओं में केवल मन्मथनाथ गुप्त ही पकड़े गए। राजेन्द्रनाथ लाहिड़ी बम बनाना सीखने के लिए कलकत्ता चले गए थे, आजाद तथा शचीन्द्रनाथ बक्शी फरार हो गए। कानपुर में गोपीनाथ साहा के पास भी पार्सल भेजा गया था। पुलिस ने उसे भी गिरफ्तार कर लिया। गिरफ्तार होते ही साहा ने बयान दे दिया तथा सरकारी गवाह बन गया। रायबरेली का एक विद्यार्थी कुंवर बहादुर भी गिरफ्तार होते ही सरकारी गवाह बन गया।

इंदुभूषण के गिरफ्तार होने के बाद उसके स्कूल के प्रधानाध्यापक को मध्य प्रदेश से आया हुआ एक पत्र प्राप्त हुआ, उसने वह पत्र हार्टन के हवाले कर दिया। इस पत्र में मोहनलाल खत्री का पता था, अतः पुलिस ने वहां पहुंचकर श्री रामकृष्ण खत्री का पता लगा लिया और उन्हें पूना में गिरफ्तार कर लखनऊ भेज दिया। राजेन्द्रनाथ लाहिड़ी 26 सितम्बर को गिरफ्तार नहीं हो पाए थे। पुलिस ने कलकत्ता के दक्षिणेश्वर में एक मकान में छापा मारा। यहां बम बनाने की कुछ सामग्री, एक बना हुआ बम, सात रिवॉल्वर तथा कुछ ब्रिटिश विरोधी साहित्य के साथ श्री राजेंद्रनाथ लाहिड़ी गिरफ्तार कर लिए गए। जबलपुर

में पार्सलों के संबंध में प्रवेश चटर्जी भी गिरफ्तार हो गए। इसके साथ ही श्री शचीन्द्रनाथ सान्याल तथा योगेशचंद्र चटर्जी भी बंदी बना लिए गए।

इन गिरफ्तारियों में लगभग चालीस व्यक्ति पकड़े गए, जबकि डकैती में केवल दस व्यक्तियों ने भाग लिया था। शाहजहांपुर के बनारसीलाल तथा इंदुभूषण गिरफ्तार होते ही मुखबिर बन गए। डकैती में भाग लेने वाला बनवारी लाल इकबाली गवाह बन गया। कानपुर केंद्र का सदस्य गोपीमोहन भी सरकारी गवाह बन गया। इन लोगों से पुलिस को इनके केंद्रों की लगभग सभी बातों का पता लग गया। बनारस केंद्र के विषय में उसे पूरी बातें मालूम नहीं हो सकीं।

गिरफ्तारी के बाद प्रारंभिक अनुभव

गिरफ्तार करके पहले बिस्मिल को कोतवाली ले जाया गया। वहां एक गुप्तचर पुलिस अधिकारी ने उनसे पूछताछ की। इस पूछताछ में बिस्मिल ने अनुभव किया कि उनका कोई विशेष साथी पुलिस को सब कुछ बता चुका है, क्योंकि इस गुप्तचर अधिकारी ने उन्हें जो बातें बताई थीं, उन बातों को बिस्मिल के अतिरिक्त केवल उनका एक साथी ही जानता था। इसमें उन्हें एक दु:खद आश्चर्य हुआ। वह जिस व्यक्ति पर इतना विश्वास करते थे, वही धोखा दे गया। यहीं उन्हें ज्ञात हुआ कि शाहजहांपुर के ही कुछ अन्य व्यक्ति भी गिरफ्तार किए गए थे। अन्य केंद्रों के विषय में अभी उन्हें कोई जानकारी नहीं हुई थी।

इसके बाद उन्हें स्थानीय जेल भेज दिया गया। यहां आकर उन्होंने अनुमान लगाया कि अन्य केंद्रों पर भी गिरफ्तारियां हुई होंगी, किंतु निश्चित रूप से कोई भी सूचना न मिल सकी। जेल में इस कांड के सिलसिले में गिरफ्तार सभी अभियुक्तों को अलग-अलग रखा गया, कोई भी एक-दूसरे से नहीं मिल सकता था।

किसी तरह की कोई सूचना नहीं मिल सकी। रामप्रसाद बिस्मिल किसी वकील से परामर्श लेना चाहते थे, किंतु शाहजहांपुर का कोई भी वकील क्रांतिकारियों की सहायता करने के लिए तैयार नहीं हुआ।

इसके पश्चात् गुप्तचर पुलिस अधिकारी ने बिस्मिल से जेल में मुलाकात की। उसने पूरा प्रयत्न किया कि बिस्मिल को भी फोड़ लिया जाए, सरकारी गवाह बनने का सुझाव भी दिया, किंतु उसकी एक न चली। यहीं उन्हें बनारसीलाल के विषय में पता चला कि वह मुखबिर हो गया था। बनारसी लाल

के विषय में बिस्मिल को उनके साथियों ने पहले ही सचेत कर दिया था कि उस पर अधिक विश्वास नहीं किया जाए। वह कभी भी धोखा दे देगा। किन्तु बिस्मिल ने इस बात पर विश्वास नहीं किया था। पंडित हरिकरननाथ जेल में दूसरे अभियुक्त प्रेमकृष्ण खन्ना से मिलने आए थे। खन्ना ने उनसे निवेदन किया था कि वह बिस्मिल तथा बनारसीलाल से मिल लें, किंतु वह नहीं मिले। बिस्मिल को इससे बड़ा दु:ख हुआ। यदि वह इन दोनों से मिल लेते तो संभवत: बनारसीलाल में भी साहस आ जाता और वह मुखबिर न बनता। उसे मुखबिर बनाने में एक अन्य व्यक्ति का हाथ था, जो गिरफ्तार नहीं हुआ था, किंतु उसके गिरफ्तार होने की संभावना थी। उसने स्वयं को बचाने के लिए बनवारीलाल को इतना भयभीत कर दिया कि वह मुखबिर बन गया और उसने बयान दे दिया।

नौकरशाही पूरा प्रयत्न कर रही थी कि बिस्मिल बयान दे दें। इसके लिए कभी पुलिस का, कभी गुप्तचर विभाग का, तो कभी अन्य उनसे मिलता रहता था। कुछ दिन बाद जिला कलेक्टर मिलने आया। उसने भी अनेक प्रलोभन दिए और अंत में यह कहकर चला गया कि बचना हो, तो बयान दे दो, अन्यथा फांसी हो जाएगी।

गुप्तचर पुलिस अधिकारी पुन: आया और पुन: पुराना राग अलापने लगा। उसने दल के विषय में अनेक महत्त्वपूर्ण कागज दिखाए। इससे बिस्मिल को विश्वास हो गया कि गुप्तचर विभाग क्रांतिकारियों के विषय में बहुत कुछ जान गया था। फिर भी वे बिस्मिल से अन्य बातें भी जानना चाहते थे। उसने बिस्मिल के सामने प्रस्ताव रखा कि वे बंगाल के क्रांतिकारियों के विषय में जानकारी दे दें। जिसके पुरस्कार में उन्हें नाममात्र की सजा होगी। सजा होने के बाद थोड़े ही दिनों में उन्हें रिहा कर दिया जाएगा और इंग्लैंड भेज दिया जाएगा। इसके साथ ही उन्हें पंद्रह हजार रुपयों का नकद पुरस्कार देने का भी प्रलोभन दिया गया।

इस प्रकार के प्रलोभनों से बिस्मिल परेशान हो गए। अत: उन्होंने इसके बाद इस विषय में किसी भी अधिकारी से मिलना अस्वीकार कर दिया। वे लोग आते और हारकर चले जाते।

बिस्मिल ने पंडित हरिकरननाथ से रायबरेली जाकर बनवारीलाल से मिलने का निवेदन किया, किंतु वह उनसे भी नहीं मिले। बनवारीलाल के विषय में बिस्मिल को पहले ही संदेह था कि वह नहीं टिक पाएगा और हुआ भी ऐसा ही। उस पर प्रारंभ से ही नेतागिरी का भूत सवार रहता था। दल के अन्य कार्यकर्ताओं के साथ उसका व्यवहार भी उचित नहीं था और उसका रहन-सहन

भी क्रांतिकारियों के समान नहीं था। बिस्मिल उसे प्रारंभ में ही दल में नहीं रहने देना चाहते थे, किंतु वह किसी अन्य सज्जन की सिफारिश पर दल में रखा गया था। उस सज्जन ने दल की कई बार आर्थिक सहायता की थी। अत: उसे दल से नहीं निकाला जा सका। उसने गिरफ्तार होते ही बयान दे दिया, जिसके कारण क्रांतिकारियों को मुकदमे में भारी हानि उठानी पड़ी। बनवारीलाल रायबरेली जिला कांग्रेस का मंत्री भी रह चुका था। असहयोग आंदोलन में उसे छह माह की सजा भी हो चुकी थी। उसे दल कार्यकाल से सबसे अधिक खर्चा देता था और इस मुकदमे में उसी के कारण सबसे अधिक हानि हुई थी। इस बात का बिस्मिल को अंतिम समय तक अत्यधिक खेद था।

मुकदमा और अभियोग

काकोरी कांड का यह मुकदमा पहले मजिस्ट्रेट अईनुद्दीन की अदालत में चला, जिसमें अभियुक्तों पर निम्नलिखित धाराओं के अंतर्गत अभियोग लगाए गए–

अभियोग–1 धारा 121 के अंतर्गत ब्रिटिश सम्राट के विरुद्ध युद्ध की घोषणा।

अभियोग–2 धारा 120 के अंतर्गत अराजनीतिक षड्यंत्र रचना।

अभियोग–3 धारा 369 के अंतर्गत हत्या तथा डकैतियां।

अभियोग–4 धारा 302 के अंतर्गत हत्या।

मजिस्ट्रेट अईनुद्दीन ने इस मुकदमे में पुलिस की भरसक सहायता की। अईनुद्दीन का व्यवहार अभियुक्तों के समक्ष बड़ा ही सौजन्यपूर्ण था, वह अभियुक्तों के साथ बड़े मधुर व्यवहार के साथ मिलता था। उसका व्यवहार देखकर अभियुक्त उसे अपना शुभचिंतक समझते थे, किंतु बाद में पता लगा कि वह विषभरा सोने का घड़ा था। उसके इस व्यवहार के विषय में श्री बिस्मिल ने लिखा है–

"दिखावे के लिए कागजी कार्यवाही खूब साफ रखी। जबान के बड़े मीठे थे। प्रत्येक अभियुक्त से बड़े तपाक से मिलते थे। बड़ी मीठी-मीठी बातें करते थे। सब समझते थे कि हमसे सहानुभूति रखते हैं। कोई न समझ सका कि अंदर-ही-अंदर घाव कर रहे हैं। इतना चालाक अफसर शायद ही कोई दूसरा हो। जब तक मुकदमा उनकी अदालत में रहा, किसी को कोई शिकायत का मौका ही नहीं दिया। यदि कभी कोई बात भी हो जाती, तो ऐसे ढंग से उसे टालने की कोशिश करते कि किसी को बुरा ही न लगता। बहुधा ऐसा ही हुआ

कि खुली अदालत में अभियुक्तों से क्षमा तक मांगने में संकोच न हुआ। किंतु कागजी कार्रवाई में इतने होशियार थे कि जो कुछ लिखा सदैव अभियुक्तों के विरुद्ध। जब मामला सेशन सुपुर्द किया और आज्ञापत्र में युक्तियां दीं तब सबकी आंखें खुलीं कि कितना गहरा घाव मार दिया।"

यह डकैती लखनऊ के पास हुई थी, अतः सभी अभियुक्त गिरफ्तार होने के बाद लखनऊ भेज दिए गए और उन्हें लखनऊ की जिला जेल में रखा गया। पुलिस की कार्यवाही तक सभी अभियुक्त अलग-अलग रखे गए, किंतु अदालत में मामला जाने से पूर्व उन्हें एक साथ कर दिया गया।

अईनुद्दीन की अदालत के बाद यह मुकदमा सत्र न्यायालय में भेज दिया गया। इस मुकदमे में पंडित जगतनारायण मुल्ला सरकारी वकील थे तथा पंडित गोविंदबल्लभ पंत, श्री चंद्रभानु गुप्त, बहादुर जी, मोहनलाल सक्सेना आदि प्रसिद्ध वकीलों ने अभियुक्तों की पैरवी की।

अभियुक्तों की समस्याएं

इस कांड के लगभग सभी अभियुक्त सामान्य मध्यम वर्गीय परिवारों के थे, अतः उनके घर वाले मुकदमे की पैरवी कर पाने में असमर्थ थे। उपर्युक्त वकील जो इस मुकदमे में पैरवी कर रहे थे, वे केवल सहानुभूति के कारण कर रहे थे। लखनऊ जैसे शहर में मुकदमे की कार्यवाही देखने के लिए भी कोई व्यक्ति नहीं आता था। केवल इंडियन डेली टेलीग्राफ का एक रिपोर्टर आता था। वह पूरी सच्चाई के साथ मुकदमे की कार्यवाही प्रकाशित करना चाहता था, किंतु जज तथा पुलिस वालों को उसका यह कार्य पसंद नहीं आया अतः उस रिपोर्टर को अदालत से निकाल दिया गया।

दामोदर स्वरूप सेठ जेल में गंभीर रूप से अस्वस्थ थे, किंतु सरकार ने इसकी कोई परवाह नहीं की। उसका भार सौ पौंड से घटकर केवल छियासठ पौंड रह गया। दस महीनों तक वह कुछ भोजन भी नहीं कर सके। किसी तरह नली की सहायता से उन्हें कुछ दूध दिया जाता था। इसके लिए तीन डॉक्टरों का एक मेडिकल बोर्ड बनाया गया। इस बोर्ड ने कह दिया कि उन्हें कोई बीमारी नहीं थी। अंततः उनकी हालत बिल्कुल मरणासन्न हो गई। तब जाकर उन्हें छोड़ा गया। कैदियों के भोजन आदि पर भी कोई ध्यान नहीं दिया जाता था।

अभियुक्त अनशन पर

संयुक्त प्रांत की जेलों में साधारण कैदियों के साथ पशुओं जैसा व्यवहार होता था। उनका भोजन एकदम निम्न स्तर का था। इससे पूर्व पांच छह राजनैतिक कैदियों की जेलों में मृत्यु हो चुकी थी। इन सब अवस्थाओं को देखते हुए काकोरी कांड के अभियुक्तों ने 1927 के आरंभ में सुविधाओं की मांग की। इस विषय में सरकार के पास भी आवेदन पत्र भेजे गए। युवक पहले से ही अनशन के पक्ष में थे, अतः सुविधाओं की मांग में कैदियों ने सामूहिक अनशन प्रारंभ कर दिया। इससे पूर्व भारतीय जेलों में कभी अनशन नहीं किया गया था। कैदियों के अनशन पर बैठते ही उन्हें अलग-अलग जेलों में भेज दिया गया। कुछ जिला जेल में रहे तथा कुछ को केंद्रीय जेल में भेज दिया गया। पुलिस ने अनशनकर्ताओं में फूट डालने की भरसक कोशिश की। युवकों को पृथक-पृथक ले जाकर बताया गया कि सुविधाएं दी जाएंगी और बड़ी उम्र के कैदियों को डराया गया कि इससे मुकदमा खराब हो जाएगा। किंतु यह चाल काम न कर सकी।

अनशन के आरंभ में जेल के अधिकारी राजनीतिक कैदियों की मांगों के पूर्णतया विरुद्ध थे, किंतु बाद में उन्होंने इन मांगों के औचित्य को स्वीकार कर लिया, किंतु सुविधाएं देना उनके वश में नहीं था। कैदियों के अनशन पर बैठ जाने से मुकदमा रोक देना पड़ा। इससे नौकरशाही परेशान हो गई। जज, मजिस्ट्रेट आदि सभी अनशनकर्ताओं ने अनशन तुड़वाने का प्रयत्न करने लगे। अनशन के ग्यारहवें दिन संयुक्त प्रांत की सरकार ने एक विज्ञप्ति निकाली। इसमें अभियुक्तों को राजनीतिक कैदी न मानकर केवल डकैत मानते हुए उनकी मांगों को मानना अस्वीकार कर दिया गया। इस विज्ञप्ति को जेल में प्रत्येक अनशनकर्ता को दिखाया गया और उन पर दबाव डाला कि वे अनशन त्याग दें, किंतु अनशनकर्ता नहीं झुके। इस विज्ञप्ति में अनशनकर्ताओं पर एक झूठा दोष लगाया गया था कि वे लोग भूख का सामना करने के लिए बाहर से क्लोरल नामक एक नशीला पदार्थ मंगाकर सेवन करते हैं।

यद्यपि अनशनकर्ताओं का मनोबल गिराने के लिए सरकार ने यह विज्ञप्ति जारी की थी, किंतु इसका कोई प्रभाव न देखकर सरकार भी चिंतित हो उठी और उनकी मांगों पर विचार होने लगा। अनशनकारियों को बलात रबर की नलियों से तरल भोजन दिया गया। अनशन को सोलहवां दिन था। बिस्मिल तथा रोशन सिंह पूरे पंद्रह दिन केवल पानी पीकर रहे। सोलहवें दिन इन दोनों को

नाक से दूध पिलाया गया। इसी दिन इस विषय में बातचीत प्रारंभ हुई। पहले अधिकारियों ने इन अभियुक्तों को आठ आने नित्य का भोजन देने का प्रस्ताव रखा, बिस्मिल ने इसे स्वीकार नहीं किया। फिर प्रति कैदी दस आने प्रति दिन का भोजन देना स्वीकार किया गया और इस पर समझौता हो गया। अनशन समाप्त कर दिया गया। यहां विशेष ध्यान देने योग्य बात यह है कि गोरे कैदियों के बराबर भोजन के स्तर की यह सुविधा इन कैदियों को राजनीतिक कैदी के नाते नहीं दी गई थी, अपितु यह सुविधा मेडिकल आधार पर दी गई थी। इसे स्वीकार करके वस्तुतः इन अनशनकर्ताओं ने भयंकर भूल की थी अथवा वे ठगे गए थे। मेडिकल आधार पर यह सुविधा तभी तक मिल सकती थी, जब तक मेडिकल ऑफिसर, अर्थात् जेल अधीक्षक उचित समझता, क्योंकि उन दिनों सिविल सर्जन ही जेल अधीक्षक भी होता था। हुआ भी ऐसा ही मुकदमे का फैसला हो जाने के बाद इस कांड के सभी अभियुक्त प्रांत की विभिन्न जेलों में भेज दिए गए तथा उनकी यह सुविधा भी बंद कर दी गई। इस पर कैदियों ने कई बार पुनः अनशन किए, परंतु यह सुविधा फिर उन्हें न दी गई। इन अनशनों को अंत में श्री गणेशशंकर विद्यार्थी जी ने समाप्त कराया। मुकदमे के फैसले तक सरकार उन्हें किसी भी तरह मनाना चाहती थी और वही उसने किया।

कटु अनुभव

बिस्मिल निःस्वार्थ भावना से क्रांति के क्षेत्र में आए थे। उन्होंने सदा इसी भावना से देशसेवा का कार्य किया था। इस मुकदमे के दिनों उन्हें अपने साथियों एवं मित्रों के व्यवहार से जो कटु अनुभव हुए उनसे उन्हें भयंकर आत्मिक संताप हुआ। व्यक्ति जब किसी के साथ निःस्वार्थ भावना और सच्चे हृदय से व्यवहार करता है और वही व्यक्ति अगर समय आने पर उसके साथ विश्वासघात करे, तो इससे मनुष्य का दुःखी होना नितांत स्वाभाविक है। इन्हीं कटु अनुभवों का सामना बिस्मिल को अपने जेल के जीवन में करना पड़ा।

एक व्यक्ति के पास पुलिस को काकोरी की डकैती का एक नोट प्राप्त हुआ। फलतः वह गिरफ्तार हो गया। मजिस्ट्रेट ने उसकी जमानत अस्वीकार कर दी, जज ने चार हजार रुपयों की जमानत मांगी, किंतु उसे जमानत देने वाला कोई व्यक्ति न मिला। उस व्यक्ति का बड़ा भाई जेल में बिस्मिल से मिला। उसने बिस्मिल के पैर पकड़ लिए। अपने घरवालों के मना करने पर भी बिस्मिल ने उनसे उस व्यक्ति की जमानत कराई। जमानत होने के बाद उस व्यक्ति से उन्होंने

इस मुकदमे में अभियुक्तों का गवाह बनने की प्रार्थना की, किंतु उस व्यक्ति ने साफ मना कर दिया। बिस्मिल ने अदालत में उसे अपना गवाह बनाने की बात कही, परंतु उसने पुलिस को लिखकर दिया कि वह बिस्मिल को नहीं जानता। साम्प्रदायिक दंगों में बिस्मिल ने अपने जीवन की चिंता न करते हुए जिनके प्राणों की रक्षा की, उन्हीं लोगों ने उनके विरुद्ध गवाहियां दीं। कुछ लोगों को बिस्मिल अपना सच्चा मित्र समझते थे, इसलिए उन्होंने अपनी गवाही में उनके नाम दे दिए, किंतु पुलिस की जरा-सी धमकी के कारण वे लोग गवाही देने से मुकर गए। फैसला सुना दिए जाने पर भी उनके ये मित्र उनसे मिलने न आए। उनके दल के ही कुछ लोग सरकारी गवाह या मुखबिर बन गए। यदि ये लोग विश्वासघात न करते तो अधिक से अधिक दो चार व्यक्ति पकड़े जाते, उन्हें भी प्रमाणों के अभाव में छोड़ना पड़ता।

बिस्मिल को सबसे बड़ा मानसिक आघात दल के नेता शचीन्द्रनाथ सान्याल तथा बंगाल प्रांत के क्रांतिकारियों की भूमिका से लगा। मुकदमा प्रारंभ होते ही इस कांड के सभी अभियुक्त लखनऊ जिला जेल में आ गए थे। यहां इन क्रांतिकारियों के व्यवहार को देखकर बिस्मिल को भयंकर दुःख मिश्रित आश्चर्य हुआ। ये लोग बात-बात पर बिस्मिल तथा अन्य बड़े नेताओं का अपमान करने लगते। उनके व्यवहार से कभी-कभी क्रांतिकारियों में आपस में ही झगड़ा हो जाता। बंगाल के क्रांतिकारी बार-बार प्रांतवाद का व्यवहार करते, अपने को सबसे श्रेष्ठ बताते। इन सब बातों से बिस्मिल अपने जेल जीवन में अत्यंत खिन्न हो गए थे। लगता है उन्हें इन लोगों से एक प्रकार से घृणा जैसी हो गई थी। उन्होंने स्पष्ट रूप में लिखा है-

"छोटे-बड़े का भेद न रहा। बड़े तथा अनुभवी पुरुषों की अवहेलना होने लगी। अनुशासन का नाम न रहा। बहुधा उल्टे जवाब मिलने लगे। छोटी-छोटी बातों पर मतभेद हो जाता। इस प्रकार का मतभेद कभी-कभी वैमनस्य तक का रूप धारण कर लेता। आपस में झगड़ा भी हो जाता। खैर जहां चार बर्तन होते हैं, वहां खटकते ही हैं। ये लोग तो मनुष्य देहधारी थे। परंतु लीडरी की धुन ने पार्टीबंदी का ख्याल पैदा कर दिया। जो युवक जेल के बाहर अपने से बड़ों की आज्ञा को वेदवाक्य के समान मानते थे, वे ही उन लोगों का तिरस्कार करने लगे। इसी प्रकार आपस का वाद-विवाद कभी-कभी भयंकर रूप धारण कर लिया करता। प्रांतीय प्रश्न छिड़ जाता। बंगाली तथा संयुक्त प्रांतवासियों के कार्यों की आलोचना होने लगती। इसमें कोई संदेह नहीं कि बंगाल ने क्रांतिकारी आंदोलन में दूसरे प्रांतों से अधिक कार्य किया है, किंतु बंगालियों की हालत

यह है कि जिस किसी कार्यालय या दफ्तर में एक भी बंगाली पहुंच जाएगा, थोड़े ही दिनों में उस कार्यालय या दफ्तर में बंगाली ही बंगाली रहते हैं, उनकी बस्ती अलग ही बस्ती है। बोली भी अलग। जेल में यही सब अनुभव हुआ।

जिन महानुभावों को मैं त्याग की मूर्ति समझता था, उनके अंदर भी बंगालीपने का भाव देखा। मैंने जेल के बाहर कभी स्वप्न में भी यह विचार न किया था कि क्रांतिकारी दल के सदस्यों में भी प्रांतीयता के भावों का समावेश होगा। मैं तो यही समझता रहा कि क्रांतिकारी तो समस्त भारतवर्ष को स्वतंत्र करने का प्रयत्न कर रहे हैं, उनका किसी प्रांत विशेष से क्या संबंध? परन्तु साक्षात् देख लिया कि प्रत्येक बंगाली के दिमाग में कविवर रवींद्रनाथ का गीत–आमार सोनार बांगला, आमि तोमा के भालो वासी (मेरे सोने के बंगाल मैं तुमसे मुहब्बत करता हूँ) ठूंस–ठूंस कर भरा था, जिसका उनके नैमित्तिक जीवन में पग–पग पर प्रकाश होता था। अनेक प्रयत्न करने पर भी जेल के बाहर इस प्रकार का अनुभव कदापि न प्राप्त हो सकता था।

बड़ी भयंकर से भयंकर आपत्ति में भी मेरे मुंह से आह न निकली, प्रिय सहोदर का देहांत होने पर भी आंख से आंसू न गिरा, किंतु इस दल के कुछ व्यक्ति ऐसे थे, जिनकी आज्ञा को मैं संसार में सबसे श्रेष्ठ मानता था, जिनकी जरा–सी कड़ी दृष्टि भी मैं सहन नहीं कर सकता था, जिनके कटु वचनों के कारण मेरे हृदय पर चोट लगती थी और आंसुओं का स्रोत उबल पड़ता था। मेरी इस अवस्था को देखकर दो–चार मित्रों को, जो मेरी प्रकृति को जानते थे, बड़ा आश्चर्य होता था। लिखते हुए हृदय कंपित होता है कि उन्हीं सज्जनों में बंगाली तथा अबंगाली का भाव इस प्रकार भरा था कि बंगालियों की बड़ी से बड़ी भूल, हठधर्मी तथा भीरुता की अवहेलना की गई। यह देखकर अन्य पुरुषों का साहस बढ़ता था। नित्य नई–नई चालें चली जाती थीं। आपस में ही एक–दूसरे के विरुद्ध षड्यंत्र रचे जाते थे। बंगालियों का न्याय–अन्याय सब सहन कर लिया जाता था। इन सारी बातों ने मेरे हृदय को टूक–टूक कर डाला सब कृत्यों को देख मैं मन ही मन घुटा करता।"

पूरे मुकदमे के दौरान दल के नेता शचीन्द्रनाथ सान्याल की भूमिका बड़ी विवादास्पद रही। पुलिस से उनकी वार्ता चलती रही। उन्होंने अंतिम समय तक किसी को कुछ न बताया कि वार्ता किस प्रकार की चल रही है, पूछे जाने पर बस यही कह देते थे कि पुलिस के साथ वार्ता चल रही है। समझौता हो गया तो पुलिस केस को कमजोर कर देगी। वे गुप्तचर अधिकारियों से प्रायः एकांत में बात करते थे। समझौता वार्ता समाप्त हो जाने पर भी वह उनसे मिलते रहते

थे। प्रारंभ में बिस्मिल ने उनकी भूमिका की ओर कोई ध्यान नहीं दिया तभी कुछ बातों का उन्हें पता चला कि उनके तथा पुलिस वालों के बीच समझौते के अतिरिक्त भी कुछ बातें चल रही थीं। बिस्मिल ने चाहा कि गुप्तचर विभाग वालों से मिल कर पता लगाया जाए कि क्या बातें चल रही थीं, किंतु पुलिस बिस्मिल से नाराज रहती थी। अतः वह ऐसा न कर सके। नवयुवक बिस्मिल का सान्याल से अधिक सम्मान करते थे। अतः सान्याल ने नवयुवकों की नजरों में गिराने के लिए उन्हें बदनाम करने का प्रयत्न किया, उन पर आरोप लगाया कि वह दल का रुपया खा गए हैं। इससे बिस्मिल को भारी आघात पहुंचा। वह एक-एक पैसे का हिसाब रखते थे। उन्होंने जेल में ही इस कांड के सब अभियुक्तों के सामने कहा कि वे हिसाब देने को तैयार थे। यदि उन्होंने रुपयों में कोई हेरा-फेरी की हो, तो उन्हें दंड दिया जाए, नहीं तो आरोप लगाने वाले को भी न छोड़ा जाए। इस पर नेता महोदय को साहस न हुआ कि वह हिसाब देखें।

शचीन्द्रनाथ सान्याल की इस भूमिका के औचित्य को दर्शाते हुए श्री मन्मथनाथ गुप्त का कथन है कि श्री सान्याल दल के नेता थे, अतः स्वाभाविक रूप में समझौते की वार्ता उनके साथ चली। उनके अनुसार सान्याल का उद्देश्य था कि फांसी किसी को न हो। उन्होंने लिखा है-

स्वाभाविक रूप से यह बातचीत शचीन्द्रनाथ सान्याल के साथ चली। अवश्य वे इसकी सूचना नेताओं यानी पंडित रामप्रसाद बिस्मिल, योगेशचंद्र, सुरेशचंद्र, विष्णुशरण दुबलिस, राजेन्द्रनाथ लाहिड़ी आदि को देते थे। हम लोगों तक इसकी भनक ही आती थी। कभी कोई प्रामाणिक बात नहीं आई। हां, जब सजा आदि हो गई और हम लोग जेलों में तितर-बितर कर दिए गए, फांसियां भी हो गईं, तब इसका ब्यौरेवार पता चला।

संक्षेप में इतना ही बताया गया कि हमारे नेता समझौते की इन बातों पर अड़े थे कि किसी को फांसी न हो जाए। इस बात से पंडित रामप्रसाद को ही सबसे अधिक फायदा था (अवश्य दल को फायदा उससे भी अधिक था) क्योंकि यह तो सभी को मालूम था और हमारे वकील भी यही कहते थे कि यदि काकोरी षड्यंत्र में किसी एक को फांसी होती है, तो पंडित रामप्रसाद को जरूर होगी, बाकी किसे फांसी होगी या नहीं होगी, इस संबंध में मतभेद था। दूसरे शब्दों में शचीन्द्रनाथ सान्याल तथा उनके सलाहकार पंडित राम प्रसाद के साथ-साथ अन्य फांसी वालों को बचाने के लिए ही वार्ता चला रहे थे।

पर पुलिस वालों ने शायद हिसाब लगाकर यह देखा कि समझौते के बिना

ही उनकी कार्यसिद्धि हो जाएगी, क्योंकि हमारा अंग्रेज जज हैमिल्टन बहुत ही सख्त आदमी था। उसकी शोहरत यह थी कि वह जहां तक गुंजाइश रहती थी वहां फांसी जरूर देता था, बड़ी सजाओं की तो बात ही नहीं है। इसलिए एकाएक पुलिस वालों ने वार्ता चलानी बंद कर दी, पर शचीन्द्रनाथ सान्याल ने एक सुयोग्य नेता की तरह किसी को भी कानोंकान इसकी खबर नहीं होने दी, क्योंकि जो आशा बंधी थी, उसे वे तोड़ना नहीं चाहते थे। अब तक वे पंडित रामप्रसाद से तथा अन्य लोगों से इस मामले में सलाह लेते थे, पर अब उन्होंने इस संबंध में चुप्पी साध ली और वह कहते रहे कि वार्ता चल रही है पर इसका कोई ब्यौरा नहीं देते थे। विशेषकर उन लोगों को नहीं देते थे, जिनको फांसी होने की जरा भी संभावना थी।

ऐसा मालूम होता है कि पंडित रामप्रसाद ने इसका यह अर्थ लगाया कि भीतर-भीतर बातचीत जारी है और अब शचीन्द्रनाथ सान्याल फांसी की संभावनायुक्त लोगों को खुदा के भरोसे छोड़कर पुलिस से कोई ऐसा पेंच चला रहे हैं, जिससे वह संकट से छूट जाएं या उन्हें नाममात्र की सजा हो, इत्यादि। इसी कारण उनके मन में उनके विरुद्ध भावनाएं उत्पन्न हुईं और वे भीतर-भीतर बुदबुदाती रहीं।

काकोरी षड्यंत्र में परिस्थिति यह थी कि शचीन्द्रनाथ सान्याल ही नेता थे और योगेशचंद्र चटर्जी से वह सलाह लेते थे और, इसलिए यदि पंडित रामप्रसाद का क्रोध और सारे बंगाली नेताओं यहां तक कि बंगालियों पर चला गया, तो इस पर विशेष आश्चर्य नहीं।

अपने इस स्पष्टीकरण में श्री गुप्त ने बंगाल के अन्य क्रांतिकारियों के व्यवहार तथा शचीन्द्रनाथ सान्याल द्वारा बिस्मिल पर दल का पैसा हड़पने के आरोप का कोई उल्लेख नहीं किया है, साथ ही श्री बिस्मिल ने अपनी आत्मकथा में कहीं यह उल्लेख नहीं किया है कि श्री सान्याल ने समझौता वार्ता के विषय में कभी उनसे कोई बात की थी। हां, उनका पूरे बंगाली समाज पर आक्षेप किस प्रकार न्याय संगत कहा जा सकता है, किंतु इस प्रकार के वातावरण और व्यवहार के होने पर बहुधा व्यक्ति के मुंह से कुछ अत्युक्तिपूर्ण आक्रोश की अभिव्यक्ति हो जाती है, जिसे उसकी वास्तविक भावना नहीं कहा जा सकता। अपनी आत्मकथा उन्होंने किन परिस्थितियों में लिखी तथा किस प्रकार उसे जेल से खंडों में बाहर भेजा, इस सब पर विचार करने से सहज ही यह अनुमान लगाया जा सकता है कि पूरे बंगाली समाज के प्रति उनका यह आक्षेप भावावेश मात्र है। यद्यपि श्री मन्मथनाथ गुप्त ने इसका उल्लेख नहीं

किया है, किंतु श्री बिस्मिल ने सान्याल द्वारा लिखे गए पत्र का उल्लेख करते हुए वर्णन किया है कि सान्याल सरकार से क्षमा-याचना करने को तैयार हो गए थे-

"...इसके बाद सबसे पहले मुख्य नेता महाशय के विषय में सरकारी वकील ने बहस करनी शुरू की। खूब ही आड़े हाथों लिया। अब तो मुख्य नेता महाशय का बुरा हाल था, क्योंकि उन्हें आशा थी कि संभव है कि सबूत की कमी से वे छूट जाएं या अधिक से अधिक पांच या दस वर्ष की सजा हो जाए। आखिर चैन न पड़ी। सी.आई.डी. अफसरों को बुलाकर जेल में उनसे एकांत में डेढ़ घंटे तक बातें हुईं। युवक मंडल को इसका पता चला। सब मिलकर मेरे पास आए। कहने लगे इस समय सी.आई.डी. अफसर से क्यों मुलाकात की जा रही है? मेरी जिज्ञासा पर उत्तर मिला कि सजा होने के बाद जेल में क्या व्यवहार होगा, इस संबंध में बातचीत कर रहे हैं। मुझे संतोष न हुआ। दो या तीन दिन बाद मुख्य नेता महाशय एकांत में बैठकर कई घंटे तक कुछ लिखते रहे। लिखकर कागज जेब में रख भोजन करने लगे। मेरी अंतरात्मा ने कहा, 'उठ देख तो सही क्या हो रहा है?' मैंने जेब से कागज निकालकर पढ़े। पढ़कर शोक तथा आश्चर्य की सीमा न रही। पुलिस द्वारा सरकार को क्षमा प्रार्थना भेजी जा रही थी। भविष्य के लिए किसी प्रकार के हिंसात्मक आंदोलनों या कार्य में भाग न लेने की प्रतिज्ञा की गई थी। Undertaking दी गई थी। मैंने मुख्य कार्यकर्ताओं से सब विवरण कहकर इस सबका कारण पूछा कि क्या हम लोग इस योग्य भी नहीं रहे, जो हमसे किसी प्रकार का परामर्श किया जाए? तब उत्तर मिला कि व्यक्तिगत बात थी। मैंने बड़े जोर से विरोध किया कि यह बात कदापि व्यक्तिगत नहीं हो सकती।"

इन सब बातों से ऐसा लगता है कि श्री सान्याल अंतिम दिनों में काफी निराश हो गए थे। वह किसी तरह भी सजा से मुक्त हो जाना चाहते थे। उनका यह व्यवहार दल का नेता होने के कारण शोभनीय नहीं कहा जा सकता। उनका कर्तव्य था कि वह दल के सदस्यों को हर परिस्थिति का सामना करने के लिए उनका उत्साहवर्धन करते।

मुकदमे का फैसला

काकोरी कांड में पुलिस ने लगभग चालीस लोगों को गिरफ्तार किया था। यद्यपि अशफाक उल्ला तथा शचीन्द्रनाथ बक्शी उस समय फरार हो गए थे, किंतु बाद में उन्हें भी गिरफ्तार कर लिया गया। उनका मुकदमा अलग से चला। श्री

चंद्रशेखर आजाद गिरफ्तार नहीं किए जा सके। उन्हें फरार अपराधी घोषित कर दिया गया। कुल गिरफ्तार व्यक्तियों में से कुछ उसी समय छोड़ दिए गए, शेष 28 के नाम निम्नलिखित हैं-

रामप्रसाद बिस्मिल, रोशनसिंह, राजेन्द्रनाथ लाहिड़ी, अशफाक उल्ला खां, शचीन्द्रनाथ सान्याल, शचीन्द्रनाथ बक्शी, मन्मथनाथ गुप्त, योगेशचंद्र चटर्जी, मुकंदीलाल, गोविंदचरणकार, राजकुमार सिंह, रामकृष्ण खत्री, विष्णुशरण दुब्लिस, सुरेशचंद्र भट्टाचार्य, भूपेंद्रनाथ सान्याल, प्रेमकृष्ण खन्ना, रामदुलारे द्विवेदी, प्रणवेशचंद्र चटर्जी, शचींद्र विश्वास, हरगोविंद, दामोदर स्वरूप सेठ, शिवचरण लाल, वीरभद्र तिवारी, बनवारी लाल, बनारसी लाल, इंदुभूषण मित्र, गोपी मोहन साहा तथा कुंवर बहादुर।

इनमें बनारसी लाल तथा इंदुभूषण मित्र मुखबिर बन गए, बनवारी लाल इकबाली गवाह बन गया तथा गोपी मोहन साहा एवं कुंवर बहादुर सरकारी गवाह हो गए। गंभीर रूप से अस्वस्थ हो जाने के कारण दामोदरस्वरूप सेठ सेशन जज की अदालत से मुक्त कर दिए गए। शिवचरणलाल तथा वीरभद्र तिवारी पर से रहस्यमय अज्ञात कारणों से मुकदमा उठा लिया गया। शेष बीस व्यक्तियों पर मुकदमा चला। पूरे मुकदमे की कार्यवाही लगभग अठारह महीनों तक चली। सरकारी वकील पंडित जगतनारायण मुल्ला को प्रति पैरवी पांच सौ रुपए मिलते थे। इस मुकदमे में सरकार के दस लाख से अधिक रुपए खर्च हुए। अठारह महीनों की कानूनी कार्यवाही के बाद 6 अप्रैल सन् 1927 को सेशन जज ने अपना फैसला सुनाया, जिसके अनुसार विभिन्न अभियुक्तों को निम्नलिखित दंड दिया गया-

मृत्यु दंड	-	पंडित रामप्रसाद बिस्मिल, ठाकुर रोशनसिंह, अशफाक उल्ला खां तथा राजेन्द्रनाथ लाहिड़ी।
काला पानी	-	शचीन्द्रनाथ सान्याल तथा शचीन्द्रनाथ बक्शी।
चौदह वर्ष का कारावास	-	मन्मथनाथ गुप्त।
दस वर्ष का कारावास	-	योगेशचंद्र चटर्जी, मुकंदीलाल, गोविंदचरणकार, राजकुमार सिंह तथा रामकृष्ण खत्री।
सात वर्ष का कारावास	-	विष्णुशरण दुब्लिस तथा सुरेश भट्टाचार्य।
पांच वर्ष का कारावास	-	भूपेंद्रनाथ सान्याल, प्रेमकृष्ण खन्ना तथा

रामदुलारे द्विवेदी।

चार वर्ष का कारावास - प्रणवेश चटर्जी।

बनवारी लाल इकबाली गवाह बन गया था, किंतु उसे भी पांच वर्ष के कारावास का दंड मिला, क्योंकि डकैती में उसने भी भाग लिया था। शचीन्द्र विश्वास तथा हरगोविंद रिहा कर दिए गए।

मन्मथनाथ गुप्त, योगेशचंद्र चटर्जी, मुकंदी लाल, गोविंदचरणकार, विष्णुशरण दुब्लिस तथा सुरेश भट्टाचार्य इन छह की सजाएं कम समझी गईं। अत: इसकी सजाओं के विरुद्ध सरकार ने पुन: अपील की। परिणामस्वरूप मन्मथनाथ गुप्त अतिरिक्त इन सबकी सजाएं बढ़ गईं। योगेशचंद्र चटर्जी, मुकंदीलाल तथा गोविंदचरण कार की सजा बढ़ाकर काले पानी में परिवर्तित कर दी गई, जबकि पहले इन्हें दस वर्ष के कारावास का दंड मिला था। विष्णुशरण दुब्लिस और सुरेश भट्टाचार्य को पहले सात-सात वर्ष के कारावास का दंड मिला था, बाद में इसे बढ़ाकर दस-दस वर्ष के कारावास में बदल दिया गया। मन्मथनाथ गुप्त का दंड इस आधार पर पूर्ववत् रहा कि वह कम अवस्था के थे।

फैसले के बाद

इस फैसले के विरोध में पूरे देश में प्रतिक्रिया हुई। फांसी की सजाओं को बदलने के लिए पहले संयुक्त प्रांत के गवर्नर तथा बाद में वाइसराय से दया की प्रार्थना की गई, किंतु इसका कोई भी परिणाम न निकला। संयुक्त प्रांत की विधान सभा के सभी निर्वाचित सदस्यों ने संयुक्त रूप से हस्ताक्षर करके मृत्युदंड को बदलने के लिए निवेदन किया। बिस्मिल के पिताजी ने भी मृत्युदंड को बदलवाने के लिए ढाई सौ संभ्रांत लोगों, आनरेरी मजिस्ट्रेटों तथा जमींदारों से संयुक्त प्रांत के गवर्नर सर विलियम मेरिस को प्रार्थना पत्र लिखवाए।

लेजिस्लेटिव एसेंबली तथा कौंसिल ऑफ स्टेट के अठहत्तर सदस्यों ने अपने हस्ताक्षरों युक्त इसी आशय का प्रार्थना पत्र वाइसराय के पास भेजा। पंडित मदनमोहन मालवीय तथा असेंबली के कुछ अन्य सदस्य स्वयं वाइसराय से मिले तथा उन्होंने मृत्युदंड बदलने के लिए प्रार्थना की थी। इस पर लोगों को आशा बंधी थी कि संभवत: फांसी की सजा बदल दी जाएगी, किंतु दशहरे से दो दिन पूर्व वाइसराय ने संबंधित जेलों को तार से सूचना दी कि फांसी की सजा नहीं बदली जाएगी। वाइसराय द्वारा इस प्रकार गुप्त सूचना देने पर सहसा लोगों को विश्वास ही न हुआ।

अंत में प्रिवी परिषद् में भी अपील की गई, किंतु इसका भी कोई परिणाम

नहीं निकला। इस प्रकार हर स्तर से दया प्रार्थनाएं होने पर भी परिणाम शून्य रहा। वास्तव में अंग्रेज सरकार से दया की प्रार्थना करना बालू से तेल निकालने की आशा करने के समान था।

बिस्मिल की जेल से भागने की योजना

अपनी आत्मकथा में बिस्मिल ने लिखा है कि उन्होंने लखनऊ जेल में एक बार भागने की योजना भी बनाई थी। इसके लिए उन्होंने लोहे की सलाखें भी काट डाली थीं, किंतु जेलर चंपालाल का व्यवहार सभी कैदियों के साथ अत्यंत आत्मीयतापूर्ण था, उसके कार्यमुक्त होने के भी थोड़े ही दिन रह गए थे। उनके भाग जाने से जेलर को सरकार का कोपभाजन बनना पड़ता। इसी सब पर विचार करते हुए अंत में उन्होंने भागने का अपना निश्चय बदल दिया। उन्हीं के शब्दों में–

"लखनऊ जेल में काकोरी के अभियुक्तों को बड़ी आजादी थी। राय साहब पं. चंपालाल जेलर की कृपा से हम कभी न समझ सके कि जेल में हैं या किसी रिश्तेदार के यहां मेहमानी कर रहे हैं–जेल से निकल जाने का पूरा प्रबंध कर, जिस समय चाहता चुपचाप निकल जाता। एक रात्रि को तैयार होकर उठ खड़ा हुआ। बैरक के नंबदार तो मेरे सहारे पहरा देते थे। जब जी में आता सोते, जब इच्छा होती, बैठ जाते। चारों ओर शांति थी। केवल इतना प्रयत्न करना था कि लोहे की कटी हुई सलाखों को हटाकर बाहर हो जाऊं। ...जैसे ही जेल से भागने का विचार करके उठा, ध्यान आया जिन पंडित चंपालाल की कृपा से... क्या उन्हीं के साथ विश्वासघात करके निकल भागें? सोचा जीवन भर किसी के साथ विश्वासघात न किया। अब भी विश्वासघात न करूंगा।"

काकोरी वीरों की मुक्ति के प्रयास

काकोरी कांड में फरार हो जाने के बाद आजाद भगतसिंह के संपर्क में आए तथा 'हिंदुस्तान समाजवादी गणतांत्रिक सेना' नामक नवीन क्रांतिकारी दल बना। इस दल के आजाद, भगतसिंह, विजयकुमार सिन्हा, राजगुरु, बटुकेश्वर दत्त, शिव वर्मा, जयदेव आदि सदस्यों ने काकोरी कांड के दंड प्राप्त कैदियों को मुक्त कराने का प्रयत्न किया। पहले ये लोग योगेशचंद्र चटर्जी को जेल से छुड़ाने के लिए आगरा पहुंचे, किंतु इस कार्य में इन लोगों को सफलता नहीं मिली। श्री भगवानदास माहौर भी मुक्त कराने वाले दल में थे। उन्होंने लिखा है–

"आगरा हम लोग इसलिए बुलाए गए थे कि श्री योगेशचंद्र चटर्जी को जेल से छुड़ाना था। योजना थी जब वह जेल से बाहर निकलें, तो धावा बोलकर छुड़ा लिया जाए, पर सफलता नहीं मिली। चटर्जी को जेल से बाहर भेजा जाना था, पर उस दिन नहीं भेजे गए।"

इसके बाद भी दल के कुछ सदस्य आगरा में ही रहे, किंतु सफलता फिर भी नहीं मिली।

"बिस्मिल को भगतसिंह हर कीमत पर छुड़ाना चाहते थे। इसके लिए प्रयत्न किया गया, किंतु सफलता नहीं मिली क्योंकि बिस्मिल पर अत्यधिक कठोर पहरा था। इस विषय में शिव वर्मा ने लिखा है–

"दो–तीन दिन बाद विजय ने आकर बिस्मिल पर पुलिस की सख्ती और सतर्कता का वर्णन किया कि अभी हमें इस विचार को छोड़ना पड़ेगा। इस समाचार ने भगतसिंह के सारे ख्वाब तोड़ दिए। बहुत कोशिश के बाद बिस्मिल की लिखी एक ग़ज़ल हाथ लगी।"

बिस्मिल की जेल से लिखकर भेजी गई यह ग़ज़ल निम्नलिखित है–

मिट गया जब मिटने वाला
फिर सलाम आया तो क्या।
दिल की बरबादी के बाद
उनका पयाम आया तो क्या।।

मिट गई सारी उम्मीदें
मिट गए सारे खयाल।
उस घड़ी गर नामवर
लेकर पयाम आया तो क्या।।

ऐ दिले नादान मिट जा
अब तू कूचे यार में।
फिर मेरी नाकामियों के
बाद काम आया तो क्या।।

काश अपनी जिंदगी में
हम वो मंजर देखते।
बरसरे तुरबत कोई
मशहर खराम आया तो क्या।।

आखरी शब दीद के
काबिल थी बिस्मिल की तड़प।
सुबह दम कोई अगर
बाला ए नाम आया तो क्या।।

वस्तुतः ग़ज़ल की इन पंक्तियों में बिस्मिल ने अपने मित्रों को संदेश भेजा था कि छुड़ाने के लिए जो कुछ करना हो, तुरंत करो, अन्यथा निराश होना पड़ेगा। किंतु जेल के अधिकारियों ने इसे एक सामान्य ग़ज़ल समझा, वे इसका अर्थ नहीं समझ सके, अतः उन्होंने इसे बाहर भेजने की आज्ञा दे दी।

नवम अध्याय
महाप्रयाण की ओर

बिस्मिल के अंतिम दिन

सभी प्रकार से मृत्यु दंड को बदलने के लिए की गई दया प्रार्थनाओं के अस्वीकृत हो जाने के बाद बिस्मिल अपने महाप्रयाण की प्रतीक्षा करने लगे। अपने जीवन के अंतिम दिनों में गोरखपुर जेल में उन्होंने अपनी आत्म-कथा लिखी। फांसी के तख्ते पर झूलने के तीन दिन पहले तक वह इसे लिखते रहे। इस विषय में उन्होंने स्वयं लिखा है-

"आज सोलह दिसंबर 1927 ई. को निम्नलिखित पंक्तियों का उल्लेख कर रहा हूं, जबकि 19 दिसंबर 1927 ई. सोमवार (पौष कृष्ण 11 सम्वत 1984) को साढ़े छह बजे प्रात:काल इस शरीर को फांसी पर लटका देने की तिथि निश्चित हो चुकी है। अतएव नियत समय पर इहलीला संवरण करनी होगी।

उन्हें उन दिनों गोरखपुर जेल की नौ फीट लंबी तथा इतनी ही चौड़ी एक कोठरी में रखा गया था। इसमें केवल छह फीट लंबा दो फीट चौंड़ा दरवाजा था तथा दो फीट लंबी एक फीट चौड़ी एक खिड़की थी। इसी कोठरी में भोजन, स्नान, सोना नित्य कर्म आदि सब कुछ करना पड़ता था। मुश्किल से रात्रि में दो चार घंटे नींद आ पाती थी। मिट्टी के बर्तनों में खाना, कंबलों का बिस्तर, एकदम एकांतिक जीवनचर्या यही उनके अंतिम दिन थे। इस सबका उन्होंने अपनी आत्मकथा में बड़ा ही मार्मिक वर्णन किया है। उनकी तत्कालीन मनोदशा का अनुमान उनके निम्नलिखित शब्दों से सहज ही लगाया जा सकता है।

साधु की गुफा न मिली तो क्या, साधना की गुफा तो मिल गई। इसी कोठरी में यह सुयोग प्राप्त हो गया कि अपनी कुछ अंतिम बात लिखकर देशवासियों को अर्पण कर दूं। संभव है कि मेरे जीवन के अध्ययन से किसी आत्मा का भला हो जाए। बड़ी कठिनता से यह शुभ अवसर प्राप्त हुआ है।

महसूस हो रहे हैं बादे फना के झोंके।
खुलने लगे हैं मुझ पर असरार जिंदगी के।।
बारे अलम उठाया रंगे निशात देखा।
आये नहीं हैं यूं ही अंदाज बेहिसी के।।

वफा पर दिल को सदके।
जान को नजरे जफा कर दे।।
मुहब्बत में यह लाजिम है।
कि जो कुछ हो फिदा कर दे।।

अब तो यही इच्छा है कि
बहे बहरे फना में जल्द
या रब लाश 'बिस्मिल' की।
कि भूखी मछलियां हैं
जौहरे शमशीर कातिल की।।

समझकर फूंकना इसकी
जरा ए दागे नाकामी।
बहुत से घर भी हैं आबाद
इस उजड़े हुए दिल में।।

बिस्मिल की आत्मकथा में जीवन के नाना पहलुओं से संबद्ध उनके विचारों का सुस्पष्ट परिचय मिलता है, जिनका वर्णन अगले अध्याय में किया जाएगा। यहां उनकी तथा उनके मित्रों की शहादत का वर्णन किया जा रहा है।

फांसी

फांसी के एक दिन पूर्व बिस्मिल के पिता अंतिम मुलाकात के लिए गोरखपुर आए। कदाचित मां का हृदय इस आघात को सहन न कर सके, ऐसा विचार कर वह बिस्मिल की मां को साथ नहीं लाए। बिस्मिल के दल के साथी शिव वर्मा को लेकर वह अंतिम बार पुत्र से मिलने जेल पहुंचे, किंतु, वहां पहुंचने पर उन्हें यह देखकर आश्चर्यचकित रह जाना पड़ा कि मां वहां पहले ही पहुंची थी। शिव वर्मा को क्या कहकर अंदर ले जाएं, कि ऐसा कुछ सोच पाते, मां ने शिव वर्मा को चुप रहने का संकेत किया और पूछने पर बता दिया

"मेरी बहिन का लड़का है।" सब लोग अंदर पहुंचे, मां को देखते ही बिस्मिल रो पड़े। उनका मातृस्नेह आंखों से उमड़ पड़ा, किंतु वीर जननी मां ने एक वीरांगना की तरह पुत्र को उसके कर्तव्य का बोध कराते हुए ऊंचे स्वर में कहा-

"मैं तो समझती थी कि मेरा बेटा बहादुर है, जिसके नाम से अंग्रेज सरकार भी कांपती है। मुझे नहीं पता था कि वह मौत से डरता है। यदि तुम्हें रोकर ही मरना था, तो व्यर्थ इस काम में आए।"

तब बिस्मिल ने कहा, "ये मौत के डर के आंसू नहीं हैं, यह मां का स्नेह है। मौत से मैं नहीं डरता मां तुम विश्वास करो।"

इसके बाद मां ने शिव वर्मा का हाथ पकड़कर आगे कर दिया और कहा कि पार्टी के लिए जो भी संदेश देना हो, इनसे कह दो। मां के इस व्यवहार से जेल के अधिकारी भी अत्यंत प्रभावित हुए। इसके बाद उनकी अपने पिताजी से बातें हुईं, फिर सब लौट पड़े।

19 दिसंबर 1927 की प्रातः बिस्मिल नित्य की तरह चार बजे उठे। नित्यकर्म, स्नान आदि के बाद संध्या उपासना की। अपनी मां को पत्र लिखा और फिर महाप्रयाण बेला की प्रतीक्षा करने लगे। नियत समय पर बुलाने वाले आ गए। 'वंदे मातरम्' तथा 'भारत माता की जय' का उद्घोष करते हुए बिस्मिल उनके साथ चल पड़े और बड़े मनोयोग से गाने लगे।

मालिक तेरी रज़ा रहे और तू ही तू रहे।
बाकी न मैं रहूं न मेरी आरजू रहे।।

जब तक कि तन में जान रगों में लहू रहे।
तेरा ही जिक्र या तेरी ही जुस्तजू रहे।।

फांसी के तख्ते के पास पहुंचे। तख्ते पर चढ़ने से पहले उन्होंने अपनी अंतिम इच्छा व्यक्त की-

"I wish the downfall of British Empire."

(मैं ब्रिटिश साम्राज्य का नाश चाहता हूं)

इसके बाद उन्होंने परमात्मा का स्मरण करते हुए निम्नलिखित वैदिक मंत्रों का पाठ किया-

ॐ विश्वानि देव सावितर्दुरितानि परासुव।
यद् भद्रं तन्न आ सुव।।

(हे परमात्मा! सभी अच्छाइयां हमें प्रदान करो और बुराइयों को हमसे दूर

करो-)

इत्यादि मंत्रों का पाठ करते हुए वह फांसी के फंदे पर झूल गए।

उस समय जेल के बाहर विशाल जनसमुदाय उनके अंतिम दर्शनों की प्रतीक्षा कर रहा था। जेल के चारों ओर पुलिस का कड़ा पहरा था। शव जनता को दे दिया गया। जनता ने बिस्मिल की अर्थी को सम्मान के साथ शहर में घुमाया। लोगों ने उस पर सुगंधित पदार्थ, फूल तथा पैसे बरसाए। हजारों लोग उनकी शवयात्रा में सम्मिलित हुए। उनका अंतिम संस्कार वैदिक मंत्रों के साथ शुद्ध गाय के घी से किया गया।

राजेंद्रनाथ लाहिड़ी को फांसी

राजेंद्रनाथ लाहिड़ी का जन्म सन् 1901 में पबना जिले के भड़गा गांव में हुआ था। अपनी गिरफ्तारी के समय वह बनारस में एम.ए. के छात्र थे। काकोरी कांड के शहीदों में सर्वप्रथम उन्हीं को फांसी दी गई। उन्हें निर्धारित दिन से दो दिन पहले ही 17 दिसंबर 1927 को गोंडा जेल में फांसी दी गई। दो दिन पहले फांसी देने का कारण यह था कि पुलिस को संदेह हो गया कि उनके कुछ क्रांतिकारी साथी उन्हें छुड़ाने की योजना बना रहे थे।

फांसी पर चढ़ने से तीन दिन पूर्व 14 दिसंबर 1927 को उन्होंने देशवासियों के लिए संदेश देते हुए एक पत्र लिखा था-

"कल मैंने सुना कि प्रिवी कौंसिल ने मेरी अपील अस्वीकार कर दी है। आप लोगों ने हम लोगों की प्राणरक्षा के लिए बहुत कुछ किया, कुछ उठा नहीं रखा, किंतु मालूम होता है कि देश की बलिवेदी को हमारे रक्त की आवश्यकता है। मृत्यु क्या है? जीवन की दूसरी दिशा के अतिरिक्त और कुछ नहीं। इसलिए मनुष्य इसे दु:ख और भय क्यों मानें? वह तो नितांत स्वाभाविक अवस्था है, उतनी ही स्वाभाविक जितना प्रात:कालीन सूर्य का उदय होना। यदि यह सच है कि इतिहास पलटा खाता है, तो मैं समझता हूं कि हमारी मृत्यु व्यर्थ न जाएगी। सबको मेरा नमस्कार-अंतिम नमस्कार।

-आपका राजेन्द्र

अशफाक उल्ला को फांसी

अशफाक उल्ला का जन्म 1901 में शाहजहांपुर में हुआ था। पंडित रामप्रसाद बिस्मिल और अशफाक घनिष्ट मित्र थे, अपनी आत्मकथा में बिस्मिल ने अशफाक का अत्यंत सम्मान एवं स्नेह के साथ उल्लेख किया है।

उनकी परस्पर मित्रता का परिचय बिस्मिल के निम्न शब्दों से सुंदर रूप में अभिव्यक्त होता है-

...सबको आश्चर्य था कि एक कट्टर आर्यसमाजी और मुसलमान का मेल कैसा? मैं मुसलमानों की शुद्धि करता था-तुम एक सच्चे मुसलमान तथा सच्चे देशभक्त थे। तुम्हारी इस प्रकार की प्रवृत्ति को देखकर बहुतों को संदेह होता था कि कहीं इस्लाम धर्म त्याग कर शुद्धि न करा ले। पर तुम्हारा हृदय किसी प्रकार अशुद्ध न था, फिर तुम शुद्धि किस वस्तु की करते? -हां तुम मेरा नाम लेकर पुकार नहीं सकते थे। तुम तो सदैव राम कहा करते थे। एक समय जब तुम्हारे हृदयकम्प का दौरा हुआ, तुम अचेत थे। तुम्हारे मुंह से बारंबार 'राम' 'हाय राम' शब्द निकल रहे थे। पास खड़े हुए भाई-बांधवों को आश्चर्य था कि 'राम', 'राम' कहता है। कहते कि 'अल्लाह', 'अल्लाह' कहो, पर तुम्हारी 'राम-राम' की रट थी। उसी समय किसी मित्र का आगमन हुआ, जो 'राम' के भेद को जानते थे। तुरंत मैं बुलाया गया। मुझसे मिलने पर तुम्हें शांति हुई, तब सब लोग 'राम राम' के भेद को समझे। -तुमने कभी मेरी आज्ञा की अवहेलना नहीं की। एक आज्ञाकारी भक्त के समान मेरी आज्ञा पालन में तत्पर रहते थे। तुम्हारा हृदय बड़ा विशाल था। तुम्हारे भाव बड़े उच्च थे।"

काकोरी कांड का फैसला सुना दिए जाने के बाद अशफाक उल्ला को फैजाबाद जेल भेज दिया गया था। फांसी के दिन 19 दिसंबर 1927 की सुबह वह प्रात: चार बजे उठ गए। उन्होंने नमाज अदा की और अपनी लिखी हुई निम्नलिखित पंक्तियों को गाने लगे-

बुजदिलों को ही सदा मौत से डरते देखा।
गोकि सौ बार उन्हें रोज ही मरते देखा।।

मौत से वीर को हमने नहीं डरते देखा।
तख्त ए मौत पै खेल ही करते देखा।।

मौत इक बार जब आनी है तो डरना क्या है।
हम सदा खेल ही समझें कि मरना क्या है।।

वतन हमेशा रहे शाद-काम और आजाद।
हमारा क्या है, अगर हम रहें रहें न रहें।।
न कोई इंग्लिश न कोई जर्मन

न कोई रशियन न कोई तुर्की।
मिटाने वाले हैं अपने हिंदी
जो आज हमको मिटा रहे हैं।।

जिसे फना वह समझ रहे हैं
बका का है राज इसी में मुजमिर।
नहीं मिटाने से मिट सकेंगे
वो लाख हमको मिटा रहे हैं।।

खामोश 'हसरत' खामोश 'हसरत'
अगर है जज्बा वतन का दिल में
सजा को पहुंचेंगे अपनी बेशक
जो आज हमको सता रहे हैं।

कुछ आरजू नहीं है, है आरजू तो यह है।
रख दे कोई जरा सी खाके वतन कफन में।।

ए पुख्ताकार–उल्फत हुशियार डिग न जाना।
मराज आशकां है इस दार और रसन में।।

मौत और जिंदगी है दुनिया का सब तमाशा।
फरमान कृष्ण का था अर्जुन को बीच रण में।।

अफसोस क्यों नहीं है वह रूह अब वतन में।
जिसने हिला दिया था दुनिया को एक पल में।।

तंग आकर हम भी उनके जुल्म से बेदाद हैं।
चल दिए सुये अदम जिंदाने फैजाबाद से।।

इसके बाद हाजियों की तरह 'लबेक' कहते तथा कलाम पढ़ते हुए फांसी के तख्ते के पास पहुंचे। उनके कंधे पर कुरान शरीफ का बस्ता टंगा था, चेहरे पर प्रसन्नता थी। फांसी के तख्ते को चूमते हुए उन्होंने कहा–

"मेरे हाथ इंसानी खून से कभी नहीं रंगे, मेरे ऊपर जो इल्जाम लगाया गया है, वह गलत है, खुदा के यहां इंसाफ होगा।"

इसके बाद फांसी के फंदे पर चढ़कर उन्होंने दुनिया से विदा ले ली। जेल के बाहर हजारों लोगों की भीड़ थी। उनके घर के लोग भी आए थे। बड़ी मिन्नतों के बाद उनका शव घरवालों को दिया गया, जिसे वे शाहजहांपुर ले गए और वहां उनका अंतिम संस्कार हुआ।

रोशनसिंह को फांसी

ठाकुर रोशनसिंह का जन्म सन् 1891 में शाहजहांपुर के नबादा नामक गांव में हुआ था। वह एक संपन्न जागीरदार थे। वह काकोरी कांड में गिरफ्तार सभी क्रांतिकारियों में सबसे अधिक बलवान व्यक्ति थे। उनका राजनीति में आगमन असहयोग आंदोलन के माध्यम से हुआ और बाद में वह क्रांतिकारी बन गए थे। वह एक निष्ठावान आर्यसमाजी थे। पूरे जेल जीवन में उनका आचरण एक निर्भीक क्रांतिकारी का रहा था।

आश्चर्यजनक बात यह थी कि काकोरी की डकैती में भाग न लेने पर भी उन्हें फांसी दी गई, जिसकी किसी को आशा भी नहीं थी। अदालत में जज का फैसला सुनने के बाद तीन बार 'ओ३म' का उच्चारण करके उन्होंने अपने साथियों से कहा था-

"हमने तो जीवन का आनंद खूब लूट लिया है। मुझे फांसी हो जाए, तो कोई गम नहीं है, परंतु तुम लोगों ने तो अभी जीवन में कुछ भी नहीं देखा।"

फैसले के बाद उन्हें इलाहाबाद जिला जेल में भेज दिया गया। फांसी से छह दिन पूर्व अपने मित्र को उन्होंने एक पत्र लिखा था, जो निम्नवत् था-

इस सप्ताह के भीतर ही फांसी होगी। ईश्वर से प्रार्थना है कि वह आपको मोहब्बत का बदला दे। आप मेरे लिए हरगिज रंज न करें। मेरी मौत खुशी की बाइस होगी। दुनिया में पैदा होकर मरना जरूर है। दुनिया में बदफेली करके मनुष्य अपने को बदनाम न करे और मरते वक्त ईश्वर की याद रहे। यही दो बातें होनी चाहिए और ईश्वर की कृपा से मेरे साथ ये दोनों बातें हैं। इसलिए मेरी मौत किसी अफसोस के लायक नहीं है। दो साल से मैं बाल-बच्चों से अलग हूं। इस बीच ईश्वर भजन का खूब मौका मिला। इससे मेरा मोह छूट गया और कोई वासना बाकी न रही। मेरा पूरा विश्वास है कि दुनिया की कष्ट भरी यात्रा समाप्त करके मैं अब आराम की जिंदगी के लिए जा रहा हूँ। हमारे शास्त्रों में लिखा है कि जो आदमी धर्म युद्ध में प्राण देता है, उसकी वही गति होती है, जो जंगल

में रहकर तपस्या करने वालों की होती है।

जिंदगी जिंदादिली को जान ए रोशन।
वरना कितने मरे और पैदा होते जाते हैं।।

आखिरी नमस्ते।

आपका
'रोशन'

फांसी के दिन 19 दिसंबर 1927 को वह प्रातःकाल शीघ्र ही उठ गए थे। स्नान आदि के बाद संध्या वंदना की और बैठ गए। बुलावा आया। हाथ में गीता लेकर मुस्कराते हुए चल पड़े। तख्ते पर चढ़कर पहले 'वंदेमातरम्' का नारा लगाया, फिर 'ओ३म' का उच्चारण करते हुए फांसी के फंदे पर झूल गए।

जेल के बाहर हजारों लोगों की भीड़ थी, जिनमें रोशनसिंह की दो पत्नियां एक पुत्री तथा एक पुत्र भी थे। मृत शरीर उन्हें सौंप दिया गया। वे जुलूस के साथ उसे ले जाना चाहते थे, किंतु इसकी अनुमति नहीं दी गई। अतः अर्थी को परिवार के सदस्य सामान्य रूप से श्मशान भूमि ले गए। वहां वैदिक विधि-विधान से उनका अंतिम संस्कार कर दिया गया।

इस प्रकार काकोरी कांड के इन वीरों के मृत्युदंड से भारतीय क्रांतिकारी आंदोलन के इतिहास का एक महत्त्वपूर्ण अध्याय समाप्त हो गया।

दशम अध्याय
व्यक्तित्व एवं विचार

पंडित रामप्रसाद बिस्मिल केवल एक क्रांतिकारी ही नहीं थे, अपितु वह एक चिंतक भी थे। यों तो हर क्रांतिकारी एक राजनीतिक चिंतक होता ही है, किंतु बिस्मिल की आत्मकथा का अवलोकन करने से वह दूसरे रूप में भी हमारे सामने आते हैं, समाज, धर्म, संस्कृति, राजनीति आदि से संबद्ध उनके एक विशेष दृष्टिकोण का परिचय मिलता है, जो उनके बहुमुखी व्यक्तित्व की अभिव्यक्ति करता है। संक्षेप में उनके विचारों की मीमांसा यहां प्रस्तुत की जा रही है-

सामाजिक विचार

पंडित रामप्रसाद बिस्मिल आर्यसमाज से पूरी तरह प्रभावित थे, अतः हिंदू समाज की सड़ी-गली मान्यताएं, छुआछूत, ऊंच-नीच की भावना, शोषण आदि का उन्होंने प्रबल विरोध किया है। इसके साथ ही शिक्षा के विषय में भी उनकी कुछ स्वतंत्र मान्यताएं हैं, उन्होंने व्यावसायिक शिक्षा का समर्थन किया है।

सामाजिक असमानता के विरोधी

सामाजिक असमानता का बिस्मिल ने अपनी आत्मकथा में यत्र-तत्र विरोध किया है। छुआछूत की भावना को वह राष्ट्र के लिए घातक समझते हैं। उन्होंने लिखा है-

"...और अछूतों को, जिनकी संख्या इस देश में लगभग छह करोड़ है, पर्याप्त शिक्षा प्राप्त करने का प्रबंध हो तथा उनको सामाजिक अधिकारों में समानता मिले। जिस देश में छह करोड़ मनुष्य अछूत समझे जाते हों, उस देश के वासियों को स्वाधीन बनने का अधिकार ही क्या?"

जातिगत ऊंच-नीच और सवर्णों के अनुसूचित जातियों पर अत्याचारों को वह सामाजिक ही नहीं, अपितु अमानवीय भी मानते थे। अपने मूल स्थान ग्वालियर की इन सामाजिक कुप्रथाओं पर उन्होंने तीव्र प्रहार करते हुए लिखा

है–

"ये लोग नितांत अशिक्षित तथा मूर्ख हैं, किंतु जाति अभिमान में चूर रहते हैं। गरीब–से–गरीब अशिक्षित ब्राह्मण या क्षत्री, चाहे वह किसी आयु का हो, यदि शूद्र जाति की बस्ती में से गुजरे, तो चाहे कितना ही धनी या वृद्ध कोई शूद्र क्यों न हो, उसको उठकर पालागन या जुहार करनी ही पड़ेगी। यदि ऐसा न करे, तो उसी समय वह ब्राह्मण या क्षत्री उसे जूतों से मार सकता है और सब उस शूद्र का ही दोष बताकर उसका तिरस्कार करेंगे।"

इसी प्रसंग में उन्होंने इस सामाजिक अत्याचार का एक उदाहरण देते हुए अपनी तीव्र प्रतिक्रिया व्यक्त की है–

"ये प्रथाएं इतनी प्रचलित हैं कि उन्होंने अत्याचार का रूप धारण कर लिया है। एक समय किसी चमार की वधू जो अंग्रेजी राज्य से विवाह करके गई थी, कुल प्रथानुसार जमींदार के घर पैर छूने गई। वह पैरों में बिछुवे (नूपुर) पहने हुई थी और सब पहनावा चमारों का पहने थी। जमींदार महोदय की निगाह उसके पैरों पर पड़ी। पूछने पर मालूम हुआ कि चमार की बहू है। जमींदार साहब जूता पहनकर आए और उसके पैरों पर खड़े होकर इस जोर से दबाया कि उसकी अंगुलियां कट गईं। उन्होंने कहा यदि चमारों की बहुएं बिछुवा पहनेंगी, तो ऊंची जाति के घरों की स्त्रियां क्या पहनेंगी?"

इस प्रकार का सामाजिक अत्याचार बिस्मिल को सहन नहीं था। वह एक रूढ़िवादी ब्राह्मण परिवार में जन्मे थे, किंतु आर्यसमाज के प्रभाव के कारण वह इन अंधविश्वासों तथा रूढ़ियों से पूर्णतया मुक्त हो गए थे। उनके इन शब्दों से भली प्रकार स्पष्ट हो जाता है कि वह इन रूढ़ियों और जन्म के आधार पर श्रेष्ठता के सर्वथा विरुद्ध थे। अपने इन्हीं विचारों के कारण उन्हें अपने पिता का कोपभाजन भी बनना पड़ा था, किंतु उन्होंने इसकी चिंता नहीं की।

शोषण के विरोधी

समाज में शोषकों द्वारा गरीब जनता के शोषण को वह डकैतों के ही समान एक बर्बर कृत्य समझते थे। एक ओर, तो गरीब भूखों मरें, उन्हें कृत्रिम अभावों अथवा प्राकृतिक विपदाओं का सामना करना पड़े, दूसरी ओर संपन्न लोग रुपयों को पानी की तरह बहाएं, अपनी झूठी मान–मर्यादा बनाए रखने के लिए गरीबों का शोषण करें इसे भी बिस्मिल एक सामाजिक अत्याचार ही मानते थे। उन्होंने लिखा है–

"लाखों भारतवासी महामारी, हैजा, ताऊन इत्यादि अनेक प्रकार के रोगों से

मर जाते हैं। करोड़ों दुर्भिक्ष में अन्न बिना प्राण त्यागते हैं, तो इसका उत्तरदायित्व किस पर है? रह गया धन का व्यय, सो धन तो भले आदमियों, विवाहोत्सवों में व्यय हो जाता है। गणमान्य व्यक्तियों को तो केवल विलासिता की सामग्री का मासिक व्यय इतना होगा, जितना कि हमने एक षड्यंत्र के निर्माण में व्यय किया। हम लोगों को डाकू बताकर फांसी और काले पानी की सजाएं दी गई हैं। किंतु हम समझते हैं कि वकील और डॉक्टर हमसे भी बड़े डाकू हैं। वकील, डॉक्टर दिन-दहाड़े बड़े-बड़े ताल्लुकेदारों की जायदादें लूटकर खा गए। वकीलों के चाटे हुए अवध के ताल्लुकेदारों को ढूंढ़े रास्ता भी नहीं दिखाई देता और वकीलों की ऊंची-ऊंची अट्टालिकाएं उन पर खिलखिलाकर हंस रही हैं। इसी प्रकार लखनऊ में डॉक्टरों के भी ऊंचे-ऊंचे महल बन गए हैं। किंतु राज्य में दिन के डाकुओं की प्रतिष्ठा है। अन्यथा रात के साधारण डाकुओं और दिन के इन डाकुओं (वकीलों और डॉक्टरों) में कोई भेद नहीं है, दोनों अपने-अपने मतलब के लिए बुद्धि की कुशलता से प्रजा का धन लूटते हैं।"

इसी प्रकार उन्होंने जमींदारों द्वारा गरीब किसानों तथा मजदूरों के शोषण के विरोध में भी अपने विचार प्रकट किए हैं-

एक किसान को जमींदार की मजदूरी करने या हल चलाने की नौकरी करने पर ग्राम में आज से बीस वर्ष पूर्व दो आने रोज या चार रुपए मासिक मिलते थे तो आज भी वही वेतन बंधा चला आ रहा है। बीस वर्ष पूर्व वह अकेला था, अब उसकी स्त्री तथा चार संतानें भी हैं। पर उसी वेतन में उसे निर्वाह करना पड़ता है। उसे उसी पर संतोष करना पड़ता है। सारे दिन जेठ की लू तथा धूप में खेत में पानी देते-देते उसे रतौंधी आने लगती है। अंधेरा होते ही आंख से दिखाई नहीं देता, पर उसके बदले में आधा सेर सड़े हुए शीरे का शरबत या आधा सेर चना तथा छह पैसे रोज मजदूरी मिलती है, जिसमें ही उसे अपने परिवार का पेट पालना पड़ता है।"

कहने की आवश्यकता नहीं कि शोषण की ये समस्याएं आज भी बनी हुई हैं।

व्यावसायिक शिक्षा के पक्षधर

मैकाले प्रणीत शिक्षा प्रणाली को बिस्मिल व्यक्ति को निष्क्रिय बना देने वाली समझते थे। उन्होंने कहा है-

ग्रामवासी जमींदार या रईस, जो अपने लड़कों को अंग्रेजी पढ़ाते हैं, उनकी यही इच्छा रहती है कि जिस प्रकार हो सके उनके लड़के कोई सरकारी नौकरी

पा जाएं। ग्रामीण बालक जिस समय शहर में पहुंचकर शहरी शान को देखते हैं, इतनी बुरी तरह से उन पर फैशन का भूत सवार हो जाता है कि उनके मुकाबले फैशन बनाने की चिंता किसी को भी नहीं। थोड़े ही दिनों में उनके आचरण पर भी इसका प्रभाव पड़ता है और वे स्कूल के गंदे हाथों में पड़कर बड़ी बुरी-बुरी कुटेवों के घर बन जाते हैं। उनसे जीवन पर्यंत अपना ही सुधार नहीं हो पाता। फिर वे ग्रामवासियों का सुधार क्या खाक कर सकेंगे?"

बिस्मिल का स्पष्ट मत है कि पारंपरिक शिक्षा पर अधिक जोर नहीं देना चाहिए, अपितु इसके स्थान पर व्यावसायिक शिक्षा को प्राथमिकता देनी चाहिए।

"...जो युवक मिडिल, एंट्रेंस, एफ.ए., बी.ए. पास करने में हजारों रुपए खर्च करके दस, पंद्रह या बीस या तीस रुपए की नौकरी के लिए ठोकरें खाते फिरते हैं, उन्हें नौकरी का आसरा छोड़कर कोई उद्योग जैसे बढ़ईगीरी, लुहारगीरी, दर्जी का काम, धोबी का काम, जूते बनाना, कपड़ा बुनना, मकान बनाना राजगीरी इत्यादि सीख लेना चाहिए।"

नारी की प्रगति के पक्षधर

बिस्मिल की दादी एक रूढ़िग्रस्त समाज की महिला था, किंतु उन्होंने अपने जीवन में अत्यंत साहस एवं धैर्य का परिचय दिया था। आवश्यकता पड़ने पर वह मेहनत-मजदूरी करने में भी नहीं हिचकीं। अपने परिवार की आर्थिक दशा के उन्नयन में उनका महत्त्वपूर्ण योगदान रहा। अपनी दादी के साहस एवं परिश्रम की बिस्मिल ने भूरि-भूरि प्रशंसा की है, जिससे नारी समाज के उत्थान के विषय में उनके पक्षपाती होने का परिचय मिलता है।

स्त्री की उन्नति के बिना वह समाज की उन्नति को अपूर्ण मानते थे। वह समाज में स्त्री को समानता तथा उसकी उन्नति के प्रबल पक्षधर थे-

"...इसके साथ ही साथ स्त्रियों की दशा भी इतनी सुधारी जाए, कि वे अपने आपको मुख्य जाति का अंग समझने लगे। वे पैर की जूती तथा घर की गुड़िया न समझी जाएं। इतने कार्य हो जाने के बाद जब भारत की जनता का अधिकांश भाग शिक्षित हो जाएगा, वे अपनी भलाई-बुराई समझने के योग्य हो जाएंगे, उस समय देश का प्रत्येक आंदोलन, जिसका देश की शिक्षित जनता समर्थन करेगी, अवश्य सफल होगा। संसार की बड़ी से बड़ी शक्ति भी उसे दबाने में समर्थ न हो सकेगी।

सांस्कृतिक एवं धार्मिक विचार

पंडित बिस्मिल कोरे क्रांतिकारी नहीं थे। अपनी संस्कृति एवं अपने धर्म के प्रति भी उनके हृदय में अपार श्रद्धा थी। अपनी आत्मकथा में उन्होंने स्थान-स्थान पर इस विषय में अग्रलिखित विचारों का परिचय दिया है।

परमात्मा एवं आत्मा के विषय में

बिस्मिल पर गीता तथा वेदांत दर्शन का स्पष्ट प्रभाव परिलक्षित होता है। उन्होंने स्वीकार किया है कि प्रत्येक कर्म को करते समय उसे ब्रह्म का स्वरूप समझने से मनुष्य पापमुक्त हो जाता है। अपने इस मत को स्पष्ट करते हुए उन्होंने कबीर के दोहों तथा गीता के निम्नलिखित श्लोक को उद्धृत किया है-

जो कुछ किया सो तै किया मैं कुछ कीन्हा नाहिं।
जहां कहीं कुछ मैं किया तुम ही थे उस माहिं।।

ब्रह्मण्याधाय कर्माणि संगं त्यक्त्वा करोति यः।
लिप्यते न स पापेभ्यः पद्मपत्रमिवाम्भसः।।

उनका दृढ़ विश्वास था कि संसार का प्रत्येक कार्य परमात्मा की इच्छा से ही होता है। मृत्यु भी उसी की इच्छा से होती है, भले ही उसका कारण कुछ भी बन जाए। कर्मक्षेत्र तक जन्म-मरण चक्र में उनका पूरा विश्वास था। अतः उनका दृढ़ विश्वास यह भी था कि वह पुनः भारत भूमि में जन्म लेंगे और देश सेवा के पावन कार्य को आगे बढ़ाएंगे-

"सर्वशक्तिमान प्रभु की लीला है। सब कार्य उसी की इच्छानुसार ही होते हैं। यह परमपिता परमात्मा के नियमों का परिणाम है कि किस प्रकार किसको शरीर त्यागना होता है। मृत्यु के सकल उपक्रम निमित्त मात्र हैं। जब तक कर्मक्षेत्र नहीं होता, आत्मा को जन्म-मरण के बंधन में पड़ना ही होता है, यह शास्त्रों का निश्चय है। यद्यपि यह बात वह परमब्रह्म ही जानता है कि किन कर्मों के परिणामस्वरूप कौन सा शरीर इस आत्मा को धारण करना होगा, किंतु अपने लिए यह मेरा दृढ़ निश्चय है कि मैं उत्तम शरीर धारण कर नवीन शक्तियों सहित अतिशीघ्र ही पुनः भारतवर्ष में ही किसी निकटवर्ती संबंधी या इष्ट-मित्र के गृह में जन्म ग्रहण करूंगा।"

वह इस शरीर को एक सराय के समान मानते थे, जिससे आत्मा को एक निश्चित समय के लिए रहना होता है। भगवान का नाम स्मरण उनके मत में

भगवत् प्राप्ति का उत्तम मार्ग है। मृत्यु को वह संसार चक्र का एक अपरिहार्य नियम स्वीकार करते थे। उनको कबीर ने भी पर्याप्त प्रभावित किया था। महात्मा कबीर के निम्नलिखित दोहों को उन्होंने अपनी आत्मकथा में सादर उद्धृत किया है-

कबिरा शरीर सराय है भाड़ा दे के बस।
जब भटियारी खुश रहे तब जीवन का रस।।

कबिरा क्षुधा है कूकरी करत भजन में भंग।
या को टुकड़ा डारिकै सुमिरन करो निशंक।।

नींद निसानी भींच कै उट्ठ कबिरा जाग।
और रसायन त्याग कै नाम रसायन चाख।।

चलना है रहना नहीं चलना बिसवें बीस।
कबिरा ऐसे सुहाग पर कौन बंधावे सीस।।

अपने-अपने चोर को सब कोइ देवै मारि।
मेरा चोर जो मोहि मिलै सब कुछ देऊं वारि।।

कहे सुने की है नहीं देखा देखी बात।
दुल्हा-दुल्हिन मिल गए सूनी पड़ी बरात।।

नैनन की करि कोठरी पुतली पलंग बिछाय।
पलकन की चिक डारि कै प्रीतम लेहुं रिझाय।।

प्रेम पियाला जो पिये सीस दच्छिना देय।
लोभी सीस न दे सके नाम प्रेम का लेय।।

सीस उतारे भुई धरै तापै राखै पांव।
दास कबिरा यूं कहै ऐसा होय तो आंव।।

निन्दक नियरे राखिये आंगन कुटी दवाय।
बिन पानी साबुन बिना उज्ज्वल करै सुभाय।।

मृत्यु के किसी भी कारण को उन्होंने निमित्त मात्र स्वीकार किया है। उन्होंने लिखा है–

"हिंदू शास्त्र के अनुसार किसी की अकाल मृत्यु नहीं होती, वह उसी विधि समय पर ही प्राण त्याग करता है। केवल निमित्त कारण मात्र ही उपस्थित हो जाते हैं।"

अपनी संस्कृति एवं धर्म की विभिन्न मान्यताओं का उन्होंने कई स्थलों पर समर्थन किया है, जिससे उनके गहन गंभीर अध्ययन का परिचय मिलता है। वह राजनीतिक चेतना के साथ ही सांस्कृतिक चेतना को भी उन्नति के लिए आवश्यक समझते थे।

मातृ ऋण

बिस्मिल के विचारों में हमें अपनी संस्कृति से उनके प्रशंसनीय संस्कृति प्रेम तथा वर्तमान प्रगतिशीलता का अद्‌भुत समन्वय दिखाई देता है। अपनी मां का स्मरण करते हुए उन्होंने एक कृतज्ञ पुत्र के समान अपने विचारों को व्यक्त करते हुए लिखा है कि वह मातृ ऋण से कभी मुक्त नहीं हो सकेंगे–

"जन्मदात्री जननी! इस जीवन में तुम्हारा ऋण परिशोध करने के प्रयत्न करने का भी अवसर न मिला। इस जन्म तो क्या यदि अनेक जन्मों में भी सारे जीवन प्रयत्न करूं तो भी तुमसे उऋण नहीं हो सकता। जिस प्रेम तथा दृढ़ता के साथ तुमने इस तुच्छ जीवन का सुधार किया है, वह अवर्णनीय है। मुझे जीवन की प्रत्येक घटना का स्मरण है कि तुमने किस प्रकार अपनी देववाणी का उपदेश करके मेरा सुधार किया है। तुम्हारी दया से ही मैं देश सेवा में संलग्न हो सका।"

उनके विश्वासघाती मित्रों ने उनकी हत्या का प्रयास किया था, जिसके प्रतिशोध की अग्नि से वह अस्वस्थ हो गए थे। इस पर उनकी मां उनकी मनोदशा को जान गई थीं, अत: उन्होंने बिस्मिल से मातृ ऋण से मुक्ति के लिए किसी की हत्या न करने की प्रतिज्ञा कराई। नि:संदेह यह बिस्मिल के संस्कृति प्रेम को ही सूचित करता है।

ब्रह्मचर्य

भारतीय संस्कृति के इस उज्ज्वल गुण की बिस्मिल ने अपनी आत्मकथा में विस्तृत चर्चा की है। वह ब्रह्मचर्य को सभी प्रकार की शक्तियों का मूल मानते थे। विद्या, बल आदि की प्राप्ति के लिए ब्रह्मचर्य उनके मत में सर्वोत्कृष्ट साधन और साधना है-

"सार में ब्रह्मचर्य ही संसारी शक्तियों का मूल है। बिना ब्रह्मचर्य जीवन व्यतीत किए मनुष्य जीवन नितांत नीरस तथा शुष्क प्रतीत होता है। विद्या, बल तथा बुद्धि सब ब्रह्मचर्य के प्रताप से ही प्राप्त होते हैं। संसार में जितने बड़े आदमी हुए हैं, उनमें से अधिकतर ब्रह्मचर्य व्रत के प्रताप से ही बड़े बने और सैकड़ों-हजारों वर्ष बाद भी उनका यशगान करके मनुष्य अपने आपको कृतार्थ करते हैं। ब्रह्मचर्य की महिमा यदि जानना हो तो परशुराम, राम, लक्ष्मण, कृष्ण, भीष्म, ईसा, मेजिनी, बन्दा, रामकृष्ण, दयानंद तथा राममूर्ति की जीवनियों का अध्ययन करो।"

इस विचार को वह एक देश एवं राष्ट्रीय विचार के रूप में देखते हैं। इसके लिए सर्वप्रथम वह राष्ट्र के शिक्षकों को अपना चरित्र सुधारने का संदेश देते हैं।

"सबसे आवश्यक बात चरित्र सुधारना ही होती है। विद्यार्थियों तथा उनके अध्यापकों को उचित है कि वे देश की दुर्दशा पर दया करके अपने चरित्र को सुधारने का प्रयत्न करें।"

वर्तमान भौतिकता प्रधान सभ्यता को बिस्मिल ब्रह्मचर्य की साधना के मार्ग में सबसे बड़ी बाधा मानते थे। राष्ट्र के उज्ज्वल भविष्य के लिए देश के बच्चों को अपने देश की संस्कृति के महनीय तत्त्वों का ज्ञान होना परम आवश्यक है। बच्चों को नौकर-नौकरानियों के भरोसे छोड़ना बिस्मिल के मत के अनुसार बच्चों के भविष्य के लिए घातक है-

वर्तमान में इस देश की कुछ ऐसी दुर्दशा हो रही है कि जितने धनी तथा गणमान्य व्यक्ति हैं उनमें से 99 प्रतिशत ऐसे हैं, जो अपनी संतान रूपी अमूल्य धनराशि को अपने नौकर तथा नौकरानियों के हाथों में सौंप देते हैं। उनकी जैसी इच्छा हो; वे उन्हें बनावें! मध्यम श्रेणी के व्यक्ति भी अपने व्यवसाय तथा नौकरी इत्यादि में फंसे रहने के कारण संतान की ओर अधिक ध्यान नहीं दे सकते। सस्ता कामचलाऊ नौकर या नौकरानी रखते हैं और उन्हीं पर बाल-बच्चों का भार सौंप देते हैं, ये नौकर बच्चों को नष्ट करते हैं।"

ब्रह्मचर्य साधना को बिस्मिल ने एक राष्ट्रीय हित के प्रश्न के रूप में देखा है। वह चाहते थे कि देश के भावी कर्णधारों को ब्रह्मचर्य के महत्त्व को बचपन से ही परिचित कराया जाए। इसकी साधना के लिए उन्होंने विभिन्न प्रकार के नियमों, व्यायाम, आहार, व्यवहार आदि पर भी पर्याप्त प्रकाश डाला है।

अलौकिक शक्ति में विश्वास

पंडित रामप्रसाद बिस्मिल एक उदार आर्य समाजी थे। आर्य समाज टोने-टोटकों आदि पर विश्वास नहीं करता, फिर भी व्यक्ति जिस परिवेश में जन्म लेता है, उसके विश्वासों एवं मान्यताओं से वह पूर्णतया मुक्त नहीं हो पाता। वह बचपन में, अपने जन्म के कुछ महीनों बाद अत्यंत दुर्बल हो गए थे। तब उनके सिर पर एक खरगोश घुमाकर छोड़ा गया था, जो तत्काल मर गया था और इसके बाद तीव्रता से उनका स्वास्थ्य सुधरने लगा था। इसका वर्णन प्रथम अध्याय में किया जा चुका है। इसी प्रसंग में उन्होंने एक टोटके का उल्लेख करते हुए इस प्रकार की कुछ अलौकिक शक्तियों में अपना विश्वास व्यक्त किया है-

"औषधि तीन प्रकार की होती है-

(1) दैविक (2) मानुषिक (3) पैशाचिक। पैशाचिक औषधियों में अनेक प्रकार के पशु या पक्षियों के मांस अथवा रुधिर का व्यवहार होता है, जिनका उपयोग वैद्यक के ग्रंथों में पाया जाता है। इनमें से एक प्रयोग बड़ा ही कौतूहलोत्पादक तथा आश्चर्यजनक यह है कि जिस बच्चे को अभोखे (सूखे) की बीमारी हो गई हो, यदि उसके सामने चमगादड़ चीरकर लाया जाए तो एक दो मास का बालक चमगादड़ को पकड़कर उसका खून चूस लेगा और बीमारी जाती रहेगी। यह बड़ी उपयोगी औषधि है और एक महात्मा की बताई हुई है।"

भभूत, जंत्र आदि पर भी बिस्मिल को विश्वास था। वह नित्य हवन करते थे। हवन की भभूत को वह रोगियों को देते थे। काकोरी कांड के मुकदमे के दिनों जेल के अनेक सिपाही भी उनसे भभूत, जंत्र आदि लेते थे। इसका उल्लेख करते हुए उन्होंने लिखा है-

इसके अतिरिक्त मेरी दिनचर्या तथा नियमों का पालन देखकर पहरे के सिपाही अपने गुरु से भी अधिक मेरा सम्मान करते थे। मैं यथानियम जाड़े, गर्मी तथा बरसात में प्रात:काल तीन बजे से उठकर संध्यादि से निवृत्त हो नित्य हवन भी करता था। प्रत्येक पहरे का सिपाही देवता के समान मेरा पूजन करता था। यदि किसी के बाल-बच्चे को कष्ट होता था, तो वह हवन की भभूत ले जाता

था। कोई जंत्र मांगता था। उनके विश्वास के कारण उन्हें आराम भी होता था तथा उनकी श्रद्धा और भी बढ़ जाती थी।

राष्ट्र संबंधी विचार

क्रांतिकारी आंदोलनों का उद्‌भव ही प्रबल राष्ट्रीय भावना के कारण हुआ था। कहने की आवश्यकता नहीं कि पंडित रामप्रसाद बिस्मिल प्रबल राष्ट्रीय भावनाओं और देशप्रेम से ओत-प्रोत थे। उनकी आत्मकथा में यत्र-तत्र उनकी इन भावनाओं का सुंदर परिचय मिलता है। उनकी इस भावना का सर्वप्रथम अंकुरण 1915 में भाई परमानन्द को फांसी की सजा सुनाए जाने पर हुआ था। इस समाचार को समाचार पत्र में पढ़ने पर उन्होंने विदेशी सरकार के विध्वंस की प्रतिज्ञा की थी। इसके बाद उनकी राष्ट्रीय भावना निरंतर पल्लवित होती गई। अपने प्रबल राष्ट्रीय प्रेम के कारण ही उन्होंने कठोर क्रांति के मार्ग को अपने जीवन का लक्ष्य बनाया।

अपने अनन्य मित्र श्री अशफाक उल्ला को स्मरण करते हुए उन्होंने लिखा है-

"प्यारे भाई! तुम्हें यह समझकर संतोष होगा कि जिसने अपने माता-पिता की धन-संपत्ति को देश सेवा में अर्पण करके उन्हें भिखारी बना दिया, जिसने अपने सहोदर के भावी भाग्य को भी देश सेवा की भेंट कर दिया, जिसने अपना तन-मन-धन सर्वस्व मातृसेवा में अर्पण करके अपना अंतिम बलिदान भी दे दिया, उसने अपने प्रिय सखा अशफाक को भी उसी मातृभूमि की भेंट चढ़ा दिया।

'असगर' हरीम इश्क में हस्ती ही जुर्म है।
रखना कभी न पांव यहां सर लिए हुए।।

मातृभूमि की सेवा के लिए अपने प्राणों की परवाह न करने की यह भावना बिस्मिल जैसे विरले राष्ट्र सेवकों में ही देखी जा सकती है।

अपनी आत्मकथा में देश के नवयुवकों को देश सेवा का संदेश देते हुए उन्होंने लिखा है-

"नवयुवकों को मेरा अंतिम संदेश यही है कि वे रिवॉल्वर या पिस्तौल को अपने पास रखने की इच्छा त्यागकर सच्चे देश सेवक बनें। पूर्ण स्वाधीनता उनका ध्येय है और वे वास्तविक साम्यवादी बनने का प्रयत्न करते हैं। फल की इच्छा छोड़कर सच्चे प्रेम से कार्य करें, परमात्मा सदैव ही उनका भला करेगा।"

देश के हित में सैकड़ों बार कष्ट सहते हुए प्राणों का त्याग करने में भी

कष्ट की अनुभूति नहीं होती। जब भी जन्म लेना पड़े देश के उपकार में ही मृत्यु का वरण करना पड़े, यही बिस्मिल की इच्छा थी-

यदि देशहित मरना पड़े
मुझको सहस्रों बार भी।
तो भी न मैं इस कष्ट को
निज ध्यान में लाऊं कभी।।

हे ईश भारतवर्ष में
शतबार मेरा जन्म हो।
कारण सदा ही मृत्यु का
देशोपकारक कर्म हो।।

किसी के देशप्रेम का इससे बढ़कर और क्या प्रमाण हो सकता है कि वह जन्म-जन्मांतर तक मातृभूमि की सेवा हेतु भारत भूमि में ही जन्म लेने की अभिलाषा करे। बिस्मिल का दृढ़ विश्वास था कि वह मातृभूमि की सेवा के लिए पुनः इस देश में जन्म लेंगे। उन्होंने लिखा है-

"...अपने लिए यह मेरा दृढ़ निश्चय है कि मैं उत्तम शरीर धारण कर नवीन शक्तियों सहित अति शीघ्र ही पुनः भारतवर्ष में ही किसी निकटवर्ती संबंधी या इष्ट-मित्र के गृह में जन्म ग्रहण करूंगा, क्योंकि मेरा जन्म-जन्मांतर उद्देश्य रहेगा कि मनुष्यमात्र को सभी प्रकृति पदार्थों पर समान अधिकार प्राप्त हो। कोई किसी पर हुकूमत न करे। सारे संसार में जनतंत्र की स्थापना हो। वर्तमान समय में भारतवर्ष की अवस्था बड़ी शोचनीय है। अतएव कई जन्म इसी देश में ग्रहण करने होंगे और जब तक कि भारतवर्ष में नर-नारी पूर्णतया सर्वरूपेण स्वतंत्र न हो जाएं, परमात्मा से मेरी यह प्रार्थना होगी, कि वह मुझे इसी देश में जन्म दे।"

जब वह फांसी के तख्ते पर चढ़ने के लिए जा रहे थे, उस समय भी उनकी एक ही इच्छा थी कि भले ही वह नष्ट हो जाएं, किंतु मातृभूमि सदा प्रसन्न रहे-

दिल फिदा करते हैं कुरबान जिगर करते हैं।
पास जो कुछ है माता की नजर करते हैं।
खाना वीराना कहां देखिए घर करते हैं।
खुश रहो अहले वतन हम तो सफर करते हैं।।

अपनी आत्मकथा के अंत में ही उन्होंने देशवासियों से देश की भलाई के लिए मिल-जुलकर कार्य करने की अपेक्षा की है। उनका यह भी कहना है कि देश की स्वतंत्रता के लिए बिस्मिल, अशफाक उल्ला, राजेन्द्रनाथ लाहिड़ी, रोशन सिंह जैसे वीरों को बलिदान करना ही पड़ता है, किंतु इस बलिदान से देश की भावी पीढ़ियों को प्रेरणा मिलती है। यह बलिदान कभी व्यर्थ नहीं जाता-

"देशवासियों से यही अंतिम विनय है कि जो कुछ करें, सब मिलकर करें और सब देश की भलाई के लिए करें। इसी से सबका भला होगा।

मरते बिस्मिल, रोशन, लहरी,
अशफाक अत्याचार से।
होंगे पैदा सैकड़ों,
इनके रुधिर की धार से।।

उपर्युक्त सभी उदाहरण उनकी राष्ट्रीय भावना के संकेत मात्र हैं। वस्तुतः उनका समग्र जीवन ही इस प्रकार की भावना का मूर्तरूप है। अपनी मातृभूमि के प्रेम के वशीभूत होकर उन्होंने समस्त सुख-सुविधाओं का परित्याग कर दिया। जब वह मैनपुरी षड्यंत्र के बाद पुनः क्रांतिकारी दल में सम्मिलित हुए, उस समय उनका व्यवसाय उन्नति पर था, किंतु उन्होंने उसे त्यागकर क्रांतिपथ अपनाया तथा राष्ट्रप्रेम में प्राणों का बलिदान कर दिया।

राजनीतिक विचार

राजनीति के विषय में बिस्मिल ने अपने कुछ निश्चित विचार व्यक्त किए हैं। उनके राजनीतिक विचारों पर विश्व की क्रांतियों की स्पष्ट छाप दिखाई देती है। संक्षेप में उन्होंने जनतंत्र, श्रमिक संगठन, संघर्ष की अनिवार्यता आदि विषयों पर अपने विचार व्यक्त किए हैं।

संघर्ष की अनिवार्यता

क्रांतिकारी आंदोलन विदेशी शासन के अत्याचारों के विरुद्ध भारतीय युवा मानस की तीव्र प्रतिक्रिया के परिणाम थे। क्रांतिकारियों को निरंतर कठिनाइयों का सामना करना पड़ता था, किंतु वे इनसे बिल्कुल भी विचलित नहीं होते थे। उनके समक्ष विश्वभर के क्रांतियों के दृष्टांत थे, जिनमें सफलता के चरम शिखर पर पहुंचने के लिए क्रांतिकारियों को अनवरत संघर्ष करने पड़े थे। सफलता प्राप्त करने में असंख्य वीरों को क्रांति यज्ञ में अपने प्राणों की आहुति

देनी पड़ी थी। इसी ओर संकेत करते हुए बिस्मिल ने कमाल पाशा, लेनिन, शिवजी आदि महापुरुषों के संघर्षों का उल्लेख किया है-

"गाजी मुस्तफा कमालपाशा जिस समय तुर्की से भागे थे, उस समय केवल इक्तीस युवक आपके साथ थे। कोई साजो-सामान न था, मौत का वारंट पीछे घूम रहा था। पर समय ने ऐसा पलटा खाया उसी कमाल ने अपने कमाल से संसार को आश्चर्यचकित कर दिया। वही कातिल कमालपाशा टर्की का भाग्य विधाता बना। महात्मा लेनिन को एक दिन शराब के पीपे में छिपकर भागना पड़ा था, नहीं तो मृत्यु भी कुछ दूर न थी। वही महात्मा लेनिन रूस के भाग्य-विधाता बने। श्री शिवाजी डाकू और लुटेरे समझे जाते थे, पर समय आया, जबकि हिंदू जाति ने उन्हें अपना सिरमौर बना, गो, ब्राह्मण रक्षक छत्रपति शिवाजी बना दिया। भारत सरकार को भी अपने स्वार्थ के लिए छत्रपति के स्मारक निर्माण कराने पड़े। क्लाइव एक उद्दंड विद्यार्थी था, जो अपने जीवन से निराश हो चुका था। समय के फेर ने उसी उद्दंड विद्यार्थी को अंग्रेज जाति का राज्य स्थापनकर्ता लॉर्ड क्लाइव बना दिया। श्री सुनयात सेन चीन के अराजकतावादी पलातक (भागे हुए) थे। समय ने ही उसी पलातक को चीनी प्रजातंत्र का सभापति बना दिया। सफलता ही मनुष्य के भाग्य का निर्धारण करती है। असफल होने पर उसी को बर्बर, डाकू, अराजक, राजद्रोही तथा हत्यारे के नामों से विभूषित किया जाता है। सफलता उन्हीं सब नामों को बदल कर दयालु, प्रजापालक न्यायकारी, प्रजातंत्रवादी तथा महात्मा बना देती है।"

उपर्युक्त विवेचन से बिस्मिल का यह मत स्पष्ट हो जाता है कि संघर्ष के बिना कोई क्रांति सफलता श्री से मंडित नहीं हो सकती। सफलता का मिलना या न मिलना ही क्रांतिकारियों को भला या बुरा सिद्ध करता है।

क्रांति में संगठन का स्थान

क्रांति की सफलता में संगठनों की भूमिका महत्त्वपूर्ण होती है। बिना संगठित हुए क्रांतिकारी सफलता को प्राप्त नहीं कर सकते। संगठित होने के लिए शिक्षित होना और अपने अधिकारों का ज्ञान होना नितांत आवश्यक है। इन सबके साथ ही कुशल नेतृत्व का होना भी अनिवार्य है। अपने इन विचारों को प्रकट करते हुए बिस्मिल ने लिखा है-

"राजनैतिक क्रांति के लिए सर्वप्रथम क्रांतिकारियों का संगठन ऐसा होना चाहिए कि अनेक विघ्न तथा बाधाओं के उपस्थित होने पर भी संगठन में किसी प्रकार त्रुटि न आए। सब कार्य यथावत चलते रहें। कार्यकर्ता इतने योग्य

तथा पर्याप्त संख्या में होने चाहिए कि एक की अनुपस्थिति में दूसरा स्थान पूर्ति के लिए सदा उद्यत रहे। भारतवर्ष में कई बार कितने ही षड्यंत्रों का भंडा फूट गया है और सब किया कराया काम चौपट हो गया। जब क्रांतिकारी दलों की यह अवस्था है, तो क्रांति के लिए उद्योग कौन करे? देशवासी इतने शिक्षित हों कि वे वर्तमान सरकार की नीति को समझकर अपने हानि-लाभ को जानने में समर्थ हो सकें। वे यह भी पूर्णतया समझते हों कि वर्तमान सरकार को हटाना आवश्यक है या नहीं। साथ ही साथ उनमें इतनी बुद्धि भी होनी चाहिए कि किस रीति से सरकार को हटाया जा सकता है। क्रांतिकारी दल क्या है? वह क्या करना चाहता है? क्यों करना चाहता है? इन सारी बातों को जनता की अधिक संख्या समझ सके, क्रांतिकारियों के साथ जनता की पूर्ण सहानुभूति हो, तब कहीं क्रांतिकारी दल को देश में पांव रखने का स्थान मिल सकता है। यह तो क्रांतिकारी दल की स्थापना की प्रारंभिक बातें हैं। रह गई क्रांति, वह तो बहुत दूर की बात है।"

श्रमिकों एवं किसानों का संगठन क्रांति की नींव है। इस नींव को सुदृढ़ बनाने से पूर्व देश में जनता का शिक्षित होना नितांत आवश्यक है। भारत के क्रांतिकारी आंदोलनों की असफलता का महत्त्वपूर्ण कारण देश की जनता के अधिकांश भाग का अशिक्षित होना ही था। यही मत व्यक्त करते हुए बिस्मिल ने लिखा है-

"भारतवर्ष के इतिहास में हमारे प्रयत्नों का उल्लेख करना ही पड़ेगा, किंतु इसमें भी कोई संदेह नहीं है कि भारतवर्ष के राजनैतिक, धार्मिक तथा सामाजिक किसी प्रकार की परिस्थिति इस समय क्रांतिकारी आंदोलन के पक्ष में नहीं है। इसका कारण यह है कि भारतवासियों में शिक्षा का अभाव है।"

क्रांति को सफल बनाने के लिए उनके प्रति जनमत तैयार करना प्रथम आवश्यक तत्त्व है और यह जनमत जनता के निम्न मध्यम वर्ग को लेकर तैयार करना चाहिए। किसानों तथा श्रमिकों में जाग्रति उत्पन्न किए बिना क्रांति सफल नहीं हो सकती। रूस की अक्टूबर क्रांति की सफलता इन्हीं तत्त्वों पर आधारित थी। बिस्मिल ने लिखा है-

"रूस में जब तक किसान संगठन नहीं हुआ, रूस सरकार की ओर से देश सेवकों पर मनमाने अत्याचार होते रहे। जिस समय से 'केथोराईन' ने ग्रामीण संगठन का कार्य अपने हाथ में लिया, स्थान-स्थान पर कृषक सुधार संघों की स्थापना की घूम-घूम कर रूस के युवक तथा युवतियों ने जारशाही के विरुद्ध प्रचार आरंभ किया, तभी से किसानों को अपनी वास्तविक अवस्था का ज्ञान

होने लगा और वे अपने मित्र तथा शत्रु को समझने लगे, उसी समय से जारशाही की नींव हिलने लगी। श्रमजीवियों के संघ भी स्थापित हुए। रूस में हड़तालों का आरंभ हुआ। उसी समय से जनता की प्रवृत्ति को देखकर मदांधों के नेत्र खुल गए।"

केवल शिक्षित वर्ग ही देश में किसी भी प्रकार की क्रांति के संदेश को जन-जन तक पहुंचा सकता है। शिक्षा के अभाव में जनता को अपने अधिकारों का बोध नहीं हो सकता। इस तथ्य की ओर संकेत करते हुए बिस्मिल ने लिखा है-

"...जिस देश के छह करोड़ मनुष्य अछूत समझे जाते हैं, उस देश के वासियों को स्वाधीन बनने का क्या अधिकार है? इसके साथ ही स्त्रियों की दशा भी इतनी सुधारी जाए कि वे अपने को मनुष्य जाति का अंग समझें... इतने कार्य हो जाने के बाद जब भारत की जनता का अधिकांश भाग शिक्षित हो जाएगा, वे अपनी भलाई-बुराई समझने के योग्य हो जाएंगे, उस समय प्रत्येक आंदोलन, जिसका शिक्षित जनता समर्थन करेगी, अवश्य सफल होगा।"

क्रांति के बाधक तत्त्व

क्रांति जहां मजदूरों एवं निर्धन वर्ग के लिए एक स्वर्णिम संसार की सर्जना करती है, वहीं यह दूसरी ओर विपक्षियों को भयभीत भी कर देती है, अतः देश का सम्पन्न वर्ग इसका विरोध करता है और क्रांति के सफल हो जाने पर भी इस वर्ग से सदा क्रांति के लिए भय बना रहता है। इसी विषय को स्पष्ट करते हुए बिस्मिल ने अपनी आत्मकथा में लिखा है-

"क्रांति का नाम बड़ा ही भयंकर है। प्रत्येक प्रकार की क्रांति विपक्षियों को भयभीत कर देती है। जहां पर रात्रि होती है तो दिन का आगमन जान निशिचरों को दु:ख होता है। ठंडी जलवायु में रहने वाले पक्षी गर्मी के आने पर उस देश को भी त्याग देते हैं। फिर राजनैतिक क्रांति तो बड़ी भयावनी होती है। मनुष्य अभ्यासों का समूह है। अभ्यासों के अनुसार ही उसकी प्रकृति भी बन जाती है। उसके विपरीत जिस समय कोई बाधा उपस्थित होती है, तो उनको भय प्रतीत होता है। इसके अतिरिक्त प्रत्येक सरकार के सहायक अमीर और जमींदार होते हैं। ये लोग कभी नहीं चाहते कि उनके ऐशो-आराम में किसी प्रकार की बाधा पड़े। इसलिए वे हमेशा क्रांतिकारी आंदोलनों को नष्ट करने का प्रयत्न करते हैं। यदि किसी प्रकार दूसरे देशों की सहायता लेकर समय पाकर क्रांतिकारी दल क्रांति के उद्योग में सफल हो जाए, तो योग्य नेता न होने से अराजकता

फैलाकर व्यर्थ की नरहत्या होती है, और उस प्रयत्न में अनेकों सुयोग्य वीरों तथा विद्वानों का नाश हो जाता है।"

बिस्मिल के मत में क्रांति नवीन सूर्य के उदय के समान है तथा जमींदार आदि इसके बाधक तत्त्व रात्रि में विचरण करने वाले जीवों के समान हैं, जो अपने स्वभाव के अनुसार सूर्योदय को सहन नहीं कर सकते, अतः उन लोगों का सदा यही प्रयत्न रहता है कि क्रांति सफल न हो सके। क्रांति के सफल हो जाने पर भी यदि उसे सुचारू रूप से चलाने के लिए योग्य नेता का अभाव हो, तो उसकी परिणति व्यर्थ के रक्तपात में होती है, जो क्रांति का वास्तविक उद्देश्य नहीं होता। यही पंडित रामप्रसाद बिस्मिल का स्पष्ट अभिमत है।

जनतंत्र और उसके बाधक तत्त्व

क्रांतिकारियों का प्रमुख लक्ष्य क्रांति के माध्यम से जनतंत्र की स्थापना करना था। जनतंत्र के प्रति अपनी प्रबल आस्था को व्यक्त करते हुए उन्होंने लिखा है–

"मेरा जन्म–जन्मांतर उद्देश्य रहेगा कि मनुष्यमात्र को सभी प्राकृतिक पदार्थों पर समानाधिकार प्राप्त हो। कोई किसी पर हुकूमत न करे। सारे संसार में जनतंत्र की स्थापना हो।"

जन्म–जन्मांतर तक जनतंत्र की स्थापना का उद्देश्य वस्तुतः बिस्मिल के जनतंत्र के प्रति प्रबल अनुराग को व्यक्त करता है। क्रांति द्वारा जनतंत्र की स्थापना हो जाने पर भी देश के अवसरवादी संपन्न लोग सत्ता पर अधिकार कर लेते हैं, जिससे जनतंत्र लक्ष्यभ्रष्ट हो जाता है। सच्चा प्रजातंत्र वही है, जिसमें उद्योगों आदि पर जनता का अधिकार हो, श्रमिकों तथा कृषकों को उन्नति के पर्याप्त अवसर प्राप्त हों। यदि ऐसा न हो पाए, तो वह राजतंत्र वस्तुतः धनिकतंत्र हो जाता है। बिस्मिल के शब्दों में–

"यदि फ्रांस तथा अमेरिका की भांति क्रांति द्वारा राजतंत्र को पलटकर प्रजातंत्र स्थापित कर भी लिया जाए, तो बड़े–बड़े धनी पुरुष अपने धन–बल से सब प्रकार के अधिकारों को दबा बैठते हैं। कार्यकारिणी समितियों में बड़े–बड़े अधिकार धनियों को प्राप्त हो जाते हैं। देश के शासन में धनियों का मत ही उच्च आदर पाता है। धन–बल से देश के समाचारपत्रों, कल–कारखानों तथा खानों पर उनका ही अधिकार हो जाता है। मजबूरन जनता की अधिक संख्या धनियों का समर्थन करने को बाध्य हो जाती है। जो दिमाग वाले होते हैं, वे भी समय पाकर बुद्धिबल से जनता की खरी कमाई से प्राप्त अधिकारों

को हड़प कर बैठते हैं। स्वार्थ के वशीभूत होकर वे श्रमजीवियों तथा कृषकों को उन्नति का अवसर नहीं देते। अंत में ये लोग धनियों के पक्षपाती होकर राजतंत्र के स्थान में धनिकतंत्र की ही स्थापना करते हैं। रूसी क्रांति के पश्चात् यही हुआ था। रूस के क्रांतिकारी इसं बात को पहले से ही जानते थे। अतएव उन्होंने राज्यसत्ता के विरुद्ध युद्ध करके राजतंत्र की समाप्ति की। इसके बाद जैसे ही धनी तथा बुद्धिजीवियों ने रोड़ा अटकाना चाहा कि उसी समय उनसे भी युद्ध करके उन्होंने वास्तविक प्रजातंत्र की स्थापना की।"

पंडित रामप्रसाद बिस्मिल के समय जीवन, उनके व्यक्तित्व एवं विचारों का अवलोकन करने पर सहज ही इस निष्कर्ष पर पहुंचा जाता है कि वह देश-प्रेम के मूर्तरूप हैं। मातृभूमि को पराधीनता के बंधनों से मुक्त कराने के लिए उन्होंने अपने समस्त सुखों का परित्याग कर दिया। जहां एक ओर वह एक संस्कृति प्रेमी तथा आस्थावान धार्मिक व्यक्तित्व थे, वहीं दूसरी ओर दलितों, श्रमिकों तथा स्त्रियों की उन्नति भी उनका एक अनन्य लक्ष्य था। एक ओर उनके समक्ष प्राचीन भारत की गौरवमयी परंपराओं का आदर्श था, वहीं दूसरी ओर वह देश के सुनहरे भविष्य के लिए साम्यवाद को भी आवश्यक मानते थे। संक्षेप में कहा जा सकता है कि रामप्रसाद बिस्मिल प्राचीन परंपराओं तथा प्रगतिशीलता के अद्भुत समन्वय थे।

यद्यपि आज क्रांतिकारियों के अवदान को हम विस्मृत-सा कर बैठे हैं, तथापि इससे उनके त्याग का महत्त्व किसी प्रकार कम नहीं होता। राष्ट्र के निर्माण में बिस्मिल सदृश क्रांतिकारियों के त्याग का अपना एक सर्वथा अद्वितीय स्थान है। देश का प्रत्येक व्यक्ति; इसकी मिट्टी का कण-कण सदा-सदा के लिए उनका ऋणि रहेगा।